운명은 외상을 사절한다
1. 사주와 운명

운명은 외상을 사절한다_1. 사주와 운명

초판 인쇄 2014년 1월 23일
초판 발행 2014년 1월 27일

지 은 이 남덕(南德)
펴 낸 이 김상철
발 행 처 스타북스
등 록 번 호 제300-2006-00104호

주   소 서울특별시 종로구 종로1가 르메이에르 1714호
전   화 02)723-1188
전   화 02)735-5501
이   메   일 starbooks22@naver.com

I S B N 978-89-97790-61-6 14180

ⓒ2014 Starbooks Inc.
Printed in Seoul, Koreaa

● 잘못 만들어진 책은 본사나 구입하신 서점에서 교환하여 드립니다.
이 책은 저작권법에 의해 보호를 받는 저작물이므로 무단전재와 무단복제를 금합니다.

이 도서의 국립중앙도서관 출판시도서목록(CIP)은 서지정보유통지원시스템 홈페이지(http://seoji.nl.go.kr)와 국가자료공동목록시스템(http://www.nl.go.kr/kolisnet)에서 이용하실 수 있습니다.(CIP제어번호 : CIP2014001155)

운명은 외상을 사절한다

자신의 사주팔자를 알아서
자기 인생에 접목만 할 수 있다면
그릇이 크면 큰 대로,
작으면 작은 대로 주어진
인생 속에서 보람과 기쁨을
느끼면서 살아갈 수 있을 것이다.

남덕(南德) 지음

1 사주와 운명

용신(用神)을 알아야 진짜 명리학자다!

사주팔자는 우주가
인간에게 붙여 보내는 암호이다

스타북스

추천사

명리학을 학문적으로
체계화하려는 노력 돋보여

전세일(전 연세대학교 의과대학 병원장, 전 한국 정신과학학회 회장)

현대는 도전의 시대입니다. 우리는 도전을 받고 있고 또 도전을 하고 있습니다.

한 문화는 다른 문화에 도전하고, 한 종교는 다른 종교에 도전하고 있습니다. 하나의 의학은 다른 의학에 도전하고 있으며, 과학은 철학에 도전하고 철학은 과학에 도전하고 있습니다. 현재는 과거에 도전하고 과거는 현재에 도전하고 있습니다.

인간은 새로운 도전에 대해 네 가지 형태로 반응하고 있습니다. 하나는 무조건적인 배척입니다. 그것에 대해 아는 바가 없으면서도 기존의 자기의 생각과 틀에 맞지 않는다는 이유로 덮어놓고 배척하는 부류입니다. 두 번째는 무조건적인 수용입니다. 별로 아는 바도 없고 구체적으로 알아본 적도 없으면서 무작정 다른 사람들의 주장을 받아들이고 수용하는 부류입니다. 세 번째는 무관심입

> 세계보건기구(WHO)에서 반포한
> 새로운 건강의 정의에는 '영적 건강'이 포함되어 있습니다.
> 육체적으로, 심리적으로, 사회적으로 건강할 뿐만 아니라 영적으로도
> 아울러 건강해야 진정한 건강이라 할 수 있다는 뜻입니다.

니다. 묵묵히 지켜보면서 나중에 모두가 가는 길을 따라가겠다는 부류입니다. 네 번째는 신중하지만 적극적인 연구파입니다. 누군가가 "이것이 좋다"고 주장하면 "아 그래, 그러면 진짜로 좋은지 어디 한번 조사해 보자"라던가, 반대로 누군가가 "저것이 나쁘다" 한다면 "어 그래, 그럼 왜 나쁜지 조사해 보자"라고 하는 부류입니다.

한 분야에 대해 진정한 발전을 이룩하도록 도움을 준 것은 무조건적인 배척도 아니요 무조건적인 수용도 아니었습니다. 참으로 인류 사회에 공헌한 것은 바로 신중한 연구가들이었습니다.

과학 분야에서는 신과학 운동이 도전해 오고 있으며, 의학 분야에서도 새로운 바람이 불어오고 있습니다. 새로운 연구 발상이 기(氣)에 많이 숨어 있기 때문입니다. 세계 의학의 주류를 이루고 있

는 서양의학에 동양의학이 도전하고 있으며, 이 두 의학에 대체 의학이 도전하고 있는 실정입니다. 세계보건기구(WHO)에서 반포한 새로운 건강의 정의에는 '영적 건강'이 포함되어 있습니다. 다시 말해서 육체적으로, 심리적으로, 사회적으로 건강할 뿐만 아니라 영적으로도 아울러 건강해야 진정한 건강이라 할 수 있다는 뜻입니다. 이러한 세계적 추세가 정신세계의 탐구와 정신 수련의 추구열을 한층 더 가속화시키고 있습니다.

　우리 나라에도 한국적인 정(精)과 신(神), 그리고 기(氣)에 대한 현상을 학문적으로 연구하고 이러한 연구 결과를 의학, 공학, 산업에 응용하기 위하여 정신과학·기 과학 분야의 과학자, 의학자, 연구가, 수련가 등의 전문인들이 한데 어우러져 한국정신과학학회의 기치 아래 활발한 연구 활동이 진행되고 있습니다. 다양한 분야의 과제가 정신과학학회에서 다루어지고 있으나 이 중에 명리학(命理學)도 연구 대상에 포함되어 있습니다.

이번에 남덕 원장님이 알기 쉽고 이해하기 쉬운 '명리학' 책을 펴내는 것은 매우 다행한 일이며, 아주 반가운 일이 아닐 수 없습니다. 특히 이 책에는 명리학에 대한 오랜 동안의 개인적인 경험을 바탕에 두고 명리학을 학문적으로 체계화하려는 남덕 원장님의 노력이 배어 있기 때문에 더욱 높이 평가됩니다.

 이 책은 명리학에 좀더 친근하게 그리고 비교적 쉽게 다가갈 수 있도록 짜여 있기 때문에 일반인이나 전문가 모두에게 훌륭한 참고서가 될 것임에 틀림이 없습니다.

들어가는 말

사주팔자는 우주가
인간에게 붙여 보내는 암호이다

　대학에서 영문학을, 대학원에서 경영학을 공부한 내가 오늘날 역학자의 길을 걷고 있는 것을 알게 된 나의 옛 지인(知人)들은 놀라움과 함께 어찌된 영문인지 궁금해 한다.
　무역업을 하다가 인생의 중반에서 크게 실패한 후 내가 왜 이렇게 무능하고 하는 일마다 실패의 연속인가 하는 자괴감이 생기면서부터, 나의 운명을 알기 위해 명리학 공부를 시작한 것이 오늘날 내가 역학자(易學者)가 된 연유이다.
　내 경험으로 미루어 보아도 인생은 충분히 신비한 것이었다. 왜 어느 때는 별로 애쓰지 않는데도 사업이 불같이 일어나고 또 다른 때는 밤낮으로 열심히 하는데도 열매를 거두기는커녕 부도까지 맞아야 하는 것일까.

지나간 세월을 돌이켜 볼 때마다 막연하게나마 인간의 운명을 움직이는 그 무엇이 있음을 느끼곤 했다.

1년 정도 열심히 공부한 후의 어느 날부터인가 사주팔자가 눈에 들어오기 시작했다. 그것은 커다란 불덩어리였고 찬란한 빛이었다. 아름다운 무지개가 나의 몸을 감쌌으며 엄청난 용이 포효하는 느낌이 들었다.

'아하 이런 것이구나' 하는 감탄사와 함께 우주의 신비스러움과 복잡다단하면서도 정확성이 깃든 명리학에 정신을 잃을 뻔했다. 아주 길고 어두운 터널을 빠져나온 느낌이었다.

나는 사주팔자란 우주가 인간에게 붙여 보내는 비밀이 담긴 암호라고 생각한다.

인간이 이 암호를 얼마나 잘 해독하는지 이것이 문제이다. 요즘 시중에서 엉터리 역술인들이 사회적인 물의를 일으키고 있는 것을 보면 마음은 한없이 서글퍼지고 누구에게 하소연할 수 없는 괴로운 심정이다.

내가 이 책을 쓰게 된 동기는 시중에 나와 있는 역술 관련 책들이 난해해서 역학을 공부하려고 하는 많은 사람들에게 좌절감을 안겨 주는 경우가 너무나 많기 때문이다.

어떻게 하면 쉽게 역학(명리학)을 공부하고 생활에 도움을 얻을 수 있을까? 역학 공부에 들어가기 전에는 어떠한 기초가 필요할까?

이러한 나의 경험과 학문을 후학(後學)들에게 제시함으로써 이

나라의 역학이 세계 무대에 등장하는 데 조금이나마 보탬이 되고자 함이 첫째 목적이다.

또한 사주팔자에 관한 명리학이 잘못 알려져 있으므로 그 위상을 바로잡고자 하는 것이 두 번째 목적이다.

시중에서는 명리학을 미신이라고 하는 사람이 많다. 명리학 공부를 어느 정도 하고 나니, 이것을 미신이라고 비판하는 것은 이해가 가지만 전혀 이 학문을 모르고 근처에도 가 보지 못한 사람이 TV에 나와 헛짚는 소리를 하는 것을 볼 때는 참으로 그가 불쌍하다는 생각이 든다.

성경에도 〈심을 때가 있고 거둘 때가 있다. 허물 때가 있고 세울 때가 있다. 울 때가 있고 웃을 때가 있다. 통곡할 때가 있고 기뻐 춤출 때가 있다. 찢을 때가 있고, 꿰맬 때가 있다(전도서 3 : 2~8)〉고 하였다.

자신의 사주팔자를 알아서 자기 인생에 접목만 할 수 있다면 그릇이 크면 큰 대로, 작으면 작은 대로 주어진 인생 속에서 보람과 기쁨을 느끼면서 살아갈 수 있을 것이다.

이 서문을 쓰는 지금 나는 울면서 기도하고 있다. 억울한 수많은 사람의 영혼을 위하여, 지금 어렵게 살아가면서 인생을 증오하고 희망을 포기한 사람들을 위하여. 그들도 다음 세상이 왔을 때는 전혀 다른 삶을 살아갈 것이다.

명리학은 자기를 바라보는 학문이요, 자기를 직시함으로써 우주의 섭리에 다가가는 학문이기에 그 높고 깊음이야 말할 나위도 없다.

　선배님들은 저의 미천한 학문을 지도 편달하여 주시고 후배들은 이 못난 선배의 충고를 길잡이로 활용하여 주시면 나로서는 더없이 기쁘겠다. 앞으로도 계속 보충하고 가필해서 좋은 책으로 만들어 나갈 것을 약속드린다.

2014년 1월
한강이 바라다보이는 여의도 寓居에서 남덕

차례

추천사 006
들어가는 말 010

제1부 운명과 명리학

운명의 실체는 무엇인가? 021
사주는 확률이라고 하던데? 032
우리나라 명리학의 역사 038
명리학의 기원 040
음양과 오행론 043
사주를 보러 다니는 사람이 알아야 할 필수 사항 047
주역과 명리학 그리고 무속은 어떻게 다른가 050
용신을 알면 귀신을 마음대로 부릴 수 있다 053
명리학을 공부하기 전의 준비 자세 061
여덟 글자 암호로 해독되는 현상들 067
명리학은 어떤 분야를 집중적으로 공부하여야 하는가? 073

명리학 공부는 어렵고 시간이 오래 걸린다고 하는데 095
제왕절개로 낳은 아이의 사주팔자는? 097
택일(擇日)과 가정의 행복 101
궁합과 결혼 105
성명(姓名)은 영원한 부적이다 109
태과(太過)와 불급(不及)은 개위질(皆爲疾)이라 115
우리가 숨 쉬는 공기가 우리의 운명을 좌우한다 121
소부소귀(小富小貴)는 인간의 노력으로 가능하다 123
사주팔자는 외상을 사절한다 125
운이 나쁠 때는 마음을 비워라 127
명예·권력·부를 쫓는 종교인 132
한날한시에 태어난 사람은 운명이 같다는데? 135
남의 돈 벌어 주러 나온 팔자 139
대운이 좋아야 한다 144
운이 나쁠 때는 모든 상황이 역행한다 148
나는 왜 이렇게 인덕이 없습니까? 150
서산에 지는 해는 지고 싶어서 지나 152
사주는 전생(前生)의 업(業)과 연관되어 있다 155
타고난 팔자는 속일 수 없다 159
운이 좋지 않은 사람은 주식 투자하지 마라 162

제2부 유명인의 운명 감정

49년간 북한을 통치한 김일성 *177*
박정희 전 대통령 *187*
전두환 전 대통령 *191*
김영삼 전 대통령 *196*
한국 정치사를 변화시킨 풍운아 김종필 *201*
통일교 교주 문선명 *206*
정태수 전 한보철강 회장 *210*
미남 영화배우 신성일 *215*
20대에 가요계를 휘어잡은 가수 남진 *219*
방송계를 주름잡은 코미디언 이홍렬 *222*
머리 좋고 명랑한 성격의 영화배우 박신양 *224*
천재적인 두뇌의 소유자 손지창 *226*
정상의 자리를 지키는 방송인 박소현 *229*
한류를 주도한 만능 탤런트 안재욱 *231*
문화 대통령 서태지 *233*
영화 〈친구〉로 더욱 유명해진 배우 장동건 *236*
이지적인 마스크를 가진 탤런트 김지수 *238*
여자 꼬시는 데 소질이 있는 대도(大盜) 신창원 *240*

 **제3부** 사주 오디세이

늦게야 운이 온 어느 대학교수 245
육체적인 연애는 할 수 없는 어느 여인 247
남편 복 없는 팔자 249
정부(情夫)를 둔 노처녀의 기구한 사연 252
투자 문제로 고민하는 중소기업 사장 255
장래가 촉망되는 의사의 사주 258
고생이 지긋지긋하다는 중견 기업 사장 260
전생의 업과 관련된 어느 모자의 기막힌 사연 263
어느 한의원에서 문의해 온 사주 268
어느 기공 치료소에서 의뢰해 온 사주 271
외국과 합작 투자한 회사의 사장 273
어느 가정주부의 비극 276
장관을 역임하면서 말년이 너무 좋은 사주 279
자신도 장관이 되고 아들도 장관이 될 사주 281
여자 등쳐 먹고 사는 제비족 283
자식만 낳으면 남편과 헤어져야 할 기구한 여인 286
자식 복은 있지만 남편 복은 없는 팔자 289
종재격(從財格)으로 부자지만 세 번 장가갈 팔자 291
종재격으로 40대에 거부(巨富)가 되는 사주 294
관운이 좋아서 장관을 지낼 사주 297
남편이 죽고 보상비 받을 팔자 299
남편에게 사랑받는 여자의 사주 301

| 부록 | 남덕 선생 인터뷰 304

제1부

운명과 명리학

  운(運)은 추상적인 어떤 사태를 이야기하는 것이 아니라 구체적이고 현실적인 '기(氣)의 흐름'을 나타내는 학문이다. 이 학문을 우리가 어떻게 이용하느냐에 따라 각자의 운명이 조금씩 달라질 수 있다.
  동양의 명리학은 가깝게는 중국의 황하문명(黃河文明)과 같은 기원을 갖지만 실은 고대 우리 민족의 생활철학이던 '선교(仙敎)' 사상에서 면면히 흘러나온 것이라 지적하고 싶다.

운명의 실체는 무엇인가?

독자들은 나에게 종종 고민을 털어놓곤 한다.

"사람들의 행(幸)과 불행(不幸)을 좌우하는 운명, 그것을 결정하는 배경은 무엇입니까?"

"운명은 구체적으로 우리의 실생활에 어떤 형태로 나타납니까?"

나 자신도 이 공부를 시작하고 나서 제일 먼저 부딪친 의문이었다. 나는 국어사전에서 운명(運命)이란 단어를 찾아보았다.

〈인간을 지배하는 필연적이고 초월적인 힘 또는 그 힘으로 말미암아 생기는 길흉화복(吉凶禍福)〉이라고 기록되어 있었다.

인간의 운명을 지배하는 초월적인 힘이란 무엇인가? 또 그것으로 인해 나타나는 길흉화복은 인간살이에 어떻게 투영되는가? 운명학은 바로 이런 의문에 대한 해답을 추구한다. 초월적인 힘은 우리의 운명을 지배하기 때문에 우리 인간들에겐 결정적인 영향을 미친다.

나는 이 초월적인 힘이 태양과 공기라는 사실을 내가 몸담고 있는 명리학문(命理學問)의 중턱에서 어렴풋이 깨닫기 시작했다.

그러면 왜 태양과 공기가 우리의 운명을 만들어 내는가?

나는 명리학, 다시 말해 사주팔자(四柱八字)라는 학문을 태양과 공기의 학문이라고 생각한다. 태양과 공기가 각 개개인과 어떻게 접촉되고 그 과정은 어떻게 전개되는가 하는 것이 이 학문의 핵심이다.

우리가 살고 있는 지구는 지금도 태양 주위를 계속 돌고 있다. 만약 태양이 이 순간 사라진다고 가정한다면 지구의 운명은 어떻게 될까? 지구의 대기권 안에 살고 있는 모든 생물, 심지어 미생물까지도 꽁꽁 얼어서 살지 못하게 될 것이다.

우리는 흔히 몇 년도에 태어났느냐, 무슨 띠냐고 물어본다. 이것은 조후(調候)와 관계가 깊다.

기상청의 통계 자료를 분석해 본다면 4년마다 굉장히 무더운 날씨가 반복된다는 사실에 놀랄 것이다.

구체적으로 표현하면 인오술(寅午戌) 년이다. 1994년, 1998년이 더웠고 2002년도 더웠다. 여러분이 잘 아시다시피 1994년은 굉장히 더웠다. 한참 더운 여름에는 영상 38도가 넘는 날이 많았고, 입추가 지난 양력 8월경에도 30도가 넘는 날이 15일 이상 계속되었다.

더운 해에는 더운 기운이 각자의 피부에 침투되므로 따뜻한 온기가 필요한 사람은 신체의 조후가 이루어지게 되어 몸의 컨디션이 좋아진다. 몸의 컨디션이 좋아지면 하는 일도 술술 잘 풀린다.

반대로 몸이 너무 뜨겁게 형성되어 있어서 차디찬 냉기가 필요한 사람이 몸을 더욱 뜨겁게 하는 열기를 만났다고 생각해 보자. 아마 미치기 일보 직전일 것이다.

이와 같이 각자가 가지고 있는 온기와 열기는 신체의 조건 여하에 따라 본인에게 플러스가 되기도 하고 마이너스가 되기도 한다. 이러한 현상은 다 태양으로 인해 생긴다.

두 번째로 무슨 달에 태어났는가가 아주 중요하다.

날씨가 따뜻한 봄에 태어났는가 아니면 더운 여름에 태어났는가? 우리는 봄과 여름을 목화(木火)라는 기호로 표시하는데, 이때 태어난 사람들 대부분 몸이 따뜻한 것이 특징이다. 음양(陰陽)으로 나누자면 양(陽)에 속한다.

그리고 날씨가 서늘한 가을에 태어났는가 아니면 추운 겨울에 태어났는가? 가을과 겨울은 금수(金水)로 표현되고, 이때에 태어난 사람들은 대부분 몸이 찬 것이 특징이다. 그래서 가을과 겨울을 음양으로 분류하면 음(陰)에 속한다.

이와 같이 어느 달에 태어났느냐에 따라 인간 각자의 신체 조건이 다 달라짐과 동시에 운명 또한 달라지게 된다.

세 번째로는 태어난 날짜를 들 수 있다.

비가 오고 하늘이 흐리면 우리의 마음도 우울해지는 경우가 많다. 그러나 태양이 은은히 비추어 온도가 15도부터 18도 사이가 되면 사람들의 마음이 가벼워지면서 온몸이 편안해지고 스르르 잠이 오기 시작한다.

바로 이런 현상들이 각자의 기본적인 성격을 형성한다. 천둥 번개가 치면 사람들의 마음이 불안하고, 비가 오고 날씨가 맑지 못하면 마음이 우울하다. 그 반대로 날씨가 맑고 적당한 기온이 형성된 날에는 사람들의 마음이 밝아지고 매사에 의욕이 생기면서 모든 상황을 희망적으로 보게 된다. 따라서 이때 태어난 사람에게는 긍정적인 사고가 생겨나면서 모든 사람을 포용할 수 있는 저력이 형성된다.

이와 같이 태어난 날짜는 각자의 성격과 건강을 좌우하며, 태어난 날짜의 오행[五行, 목화토금수(木火土金水)]에 따라 성격을 분류한다.

네 번째로 우리 인간에게 중요한 것이 태어난 시(時)이다.

보통 시를 잘 타고 태어나야 좋다고 말한다. 다 그렇다고 볼 수는 없으나 태어난 시각이 각자의 그릇을 결정하는 데 중요한 역할을 함은 사실이다.

태양이 있을 때 태어났는가 아니면 태양이 자취를 감춘 밤중에 태어났는가? 더 자세하게는 태양이 아주 맹위를 떨친 정오에 태어났는가, 태양빛이 약한 아침에 태어났는가, 밤중이라도 아주 캄캄한 한밤중에 태어났는가, 해가 뉘엿뉘엿 넘어가는 석양 무렵에 태어났는가로 들어간다.

다시 말하면 일조량에 따라서 우리의 운명이 달라지는 것이다. 이렇듯 태양은 우리 인간에게 엄청난 영향을 끼치고 있다.

그 다음 우리 인간의 운명을 결정하는 것은 공기이다. 공(空)은 비어 있다는 뜻이다. 따라서 공기는 비어 있는 것처럼 보이나 그 속을 파고들어 가면 그 안은 기(氣)로 가득 차 있음을 나타낸 것이다.

기(氣)는 구체적으로는 목화토금수(木火土金水)의 형태로 존재한다. 가령 갑인년(甲寅年)이라고 한다면 첫째는 목기(木氣)가 가장 많이 차지하고 이어 인중병화(寅中丙火)의 작용으로 화기(火氣)가 그 안에 많이 들어가 있다.

그러면 다른 기는 없는가? 그렇지 않다. 다만 목기나 화기에 비해서 분포도가 적다는 뜻이다.

토기(土氣), 금기(金氣), 수기(水氣)도 소량이긴 하지만 역시 같이 내재해 있는 것이다.

임신년(壬申年)을 예로 든다면 단연 금기와 수기가 대부분을 차지하고 있다. 그러나 목기, 화기, 토기도 소량이긴 하지만 역시 같이 내재해 있다.

이와 같이 공기가 일정하고 똑같은 것이 아니고 해마다 그 해의 독특한 성격에 의해서 공기의 내용이 바뀌는 것이다. 문제는 바뀐

공기의 형태가 각자에게 불리한가 유리한가에 따라서 각자의 운명이 달라지는 것이다.

　인간은 누구나 10년마다 운이 다른 형태로 바뀌는데, 이는 각자가 태어난 연월일시에 따라서 독특한 스케줄을 가지고 있기 때문이다. 이처럼 10년마다 바뀌는 스케줄이 각자의 운명을 60퍼센트 이상 좌우하는데 이를 대운(大運)이라고 한다.

　각자의 운명과 대운에 따라 연운(年運)도 행과 불행을 달리하게 된다.

　예를 들어 병오년(丙午年)이라고 가정하면, 그해에는 뜨거운 기운(氣運)이 지구를 감싼다. 그리고 이러한 뜨거운 기운이 자기한테 필요하면 건강이 좋아지면서 모든 일이 순조롭게 풀리는데, 만약 뜨거운 기운이 자기 몸에 해롭게 작용할 때는 건강이 나빠지면서 모든 일이 막히게 된다.

　이렇게 우리 인생은 10년마다 변화되는 각자의 스케줄이 있는데 이 스케줄은 각자가 다 다르기 때문에 일정한 모델이 없다. 또, 해마다 바뀌는 그해의 기운은 형태가 일정하나 각자한테 미치는 영향은 사람마다 가지고 있는 조건에 따라서 다르게 나타나게 되어 있다.

　그 다음 월운(月運)과 일운(日運)이 있는데, 10년마다 바뀌는 대운과 해마다 바뀌는 연운에서 95퍼센트 이상을 결정하기 때문에 요즈음 시중에서 자주 거론되는 '오늘의 운세'는 거의 의미가 없다.

확률이 5퍼센트 이하로 떨어지기 때문에 그저 참고만 하면 된다.

이와 같이 태양과 공기가 우리의 운명을 좌우하며, 알고 보면 공기도 태양의 영향을 받아 결정되므로 인간의 운명을 결정하는 것은 태양이라고 볼 수 있다. 그러므로 명리학은 태양을 위주로 해서 추리한 학문이다. 한마디로 태양을 중심으로 한 자연과학인 것이다.

감정할 때면 나 역시 음력으로 생일을 물어보는데 이것은 만세력이 음력 위주로 되어 있고 옛날부터 음력을 써 왔기 때문에 습관적으로 그렇게 한 것이지 실제로는 음력과 아무 관계가 없다. 구태여 따지자면 양력과 밀접한 학문이라고 할 수 있다.

태어난 각자의 연월일시에 따라 태양과 공기의 움직임을 받아들이는 조건이 달라지고, 이 조건이 바로 우리의 운명을 결정하는 것이다.

그러면 태어난 연월일시에 따라 인간의 운명이 어떻게 다르게 변화할 수밖에 없는가? 태어난 연월일시를 결정하는 기준은 무엇인가?

인생이 윤회(輪廻)하면서 각자한테 형성되는 전생(前生)의 업(業)이라고 추측할 뿐이다. 그 이상은 나도 잘 모른다. 이것이 나의 한계이다.

그러면 이제부터 태어난 네 기둥에 의해서 영향받는 인간의 모습, 다시 말하면 운명의 실체에 대해 논하기로 하자.

운명은 인간의 모습을 세 가지 면에서 바꾸어 놓는다. 첫째는 건강이요, 둘째는 마음이요, 셋째는 성취욕이다. 세상의 모든 형태는 세 가지로 박자를 맞추고 있는데 운명 역시 삼재(三才) 원리에 입각하고 있다.

첫째, 건강과 운명의 관계에 대해서 알아보자.

운이 좋아지면 건강은 자연히 좋아진다. 여러분도 누군가의 운을 간접적으로 체크할 수 있는 방법이 있다. 건강하면 운이 좋고 건강이 좋지 않으면 운이 안 좋은 상태라고 말할 수 있다.

좀 더 깊이 들어가 살펴본다면 신왕자(身旺者)는 본래 건강하게 타고났지만 평소보다 건강이 좋지 않으면 운이 안 좋다고 볼 수 있다.

신약자(身弱者)는 태어나면서부터 잔질(殘疾)이 많으며, 평소보다 건강이 안 좋을 때는 역시 운이 안 좋다고 봐야 한다. 병이 있다고 해도 운이 좋을 때는 전체적으로 신체의 균형이 잘 맞기 때문에 병이 잠복하면서 건강한 상태를 유지할 수 있는 것이다.

예를 들어 설명하자면 무인년(戊寅年)은 목기(木氣)와 화기(火氣)가 강력히 나타나는 해인데 누구든지 목화기(木火氣)가 필요한 사람은 건강하지만 목화기가 기신(忌神)인 사람은 건강을 망치게 된다.

1992년부터 1997년까지는 금수기(金水氣)가 맹위를 떨쳤다. 따라서 이 기간 동안 건강이 나빴다면 1998년부터는 건강이 좋아지게 된다. 일반적으로 그렇다는 이야기이다.

더 자세히 확인하려면 각자의 10년마다 바뀌는 대운과도 비교 분석해야 완전한 결론이 나온다.

따라서 명리학에서는 언제, 무슨 일로, 어떤 병이 발생할 수 있으며, 또 언제 치료될 수 있는지, 또 병을 사전에 예방하려면 어떤 조치를 취해야 하는지 알 수 있게 해 준다.

한마디로 운이 좋으면 약발이 잘 듣는다. 돌팔이한테 침을 한 대 맞아도 금방 낫는다. 그러나 운이 나쁠 때는 명의가 와도 잘 치료되지 않는다. 이와 같이 운과 건강은 직결되어 있다.

둘째, 운명은 '마음'과 직결되어 있다.

운이 나쁘면 우리 몸의 건강이 망가지면서 집중력이 떨어지고 산만해진다. 더 심해지면 마음이 불안, 초조해지고 우울한 상태가 된다. 또 조그만 일에도 신경이 예민해져 상대방이 보통 하는 소리가 아주 고깝게 들리며 신경질적인 반응을 보이게 된다. 여기서 상대방과의 화합은 완전히 무너지고 대결의 상태로 돌입하게 된다. 그러니 운이 나쁘면 결국 패배자가 될 수밖에 없다.

반대로 내가 운이 좋을 때는 기운의 흐름이 아주 원만하고 편안하게 조성되기 때문에 상대방을 용서하고 포용하는 아량이 생기며, 상대방이 나에게 설득당하며 나의 편을 들어주게 된다. 이런 상황에서는 상대방이 손해를 보면서까지 기분 좋게 나를 도와준다.

그러므로 운이 나쁠 때는 마음을 비워야 한다. 운이 나쁜데도 오기로 문제를 풀려고 하면 아무것도 되는 일이 없다. 성경에서도

〈마음이 가난한 자는 복이 있나니 천국이 저의 것이요〉라고 표현하고 있다. 마음이 가난하다는 말은 마음을 비웠다는 뜻이다.

마음이 불안하고 초조할 때는 아무것도 되지 않는다. 마음을 비워야 비로소 새로운 차원의 세상이 열린다.

타고난 기본 성격에 따라 다소 차이는 있겠지만 마음이 편안한 자는 운이 좋고 마음이 불편한 자는 운이 나쁘다고 말할 수 있다. 맑은 마음을 가지고 세상을 보면 모든 것이 맑게 보이고, 불안한 마음을 가지고 세상을 보면 모든 것이 부정적으로 보인다. 운과 마음은 직결되어 있다.

셋째로는 성취욕과 운명의 관계이다.

다른 사람들과 대화를 하다가 우리는 "그 사람 운이 참 좋아" "그 사람은 옷을 벗을 줄 알았는데 이번에 승진까지 했단 말이야" 등의 내용을 흔히 들을 수 있다. 정치가는 당선이 되거나 높은 공직으로 올라가고, 사업가는 자기도 모르게 자고 나니 주체할 수 없는 돈이 모여들어 거부(巨富)가 되고, 학자나 대학교수는 좋은 제자가 양성됨과 동시에 사회적으로 저명인사가 됨을 가리킨다. 요즘 말로 부(富)와 귀(貴)를 누림이다.

이러한 성취욕도 운명의 한 부분을 차지하고 있기는 하나 이것이 전부는 아니다.

운이 좋으면 건강이 좋아지면서 마음이 편안하고 하는 일마다 쉽게 달성되니, 인생에 신바람이 안 날 수가 있겠는가? 반면 운이 나쁘면 건강이 안 좋아지면서 마음이 불안하고 매사에 실패가 따르니 인생이 가시밭길이 아니고 무엇이겠는가?

운이 좋은 사람과 나쁜 사람은 건강, 마음, 성취욕의 3박자가 같이 돌아가니 운이 좋은 사람과 나쁜 사람은 점점 거리가 멀어지게 된다.

그러나 아무리 지금 운이 좋은 사람이라도 나중에 운이 나빠지면 하산해야 하니, 평소에 너무 자만하지 말고 나보다 못한 사람에게 덕을 베푸는 자세로 살아야 후손이 복을 받을 것이다.

또 현재 운이 나쁜 사람도 언젠가 운이 오면 재기하는 것은 틀림없으니 실망이나 좌절은 금물이라고 말하고 싶다.

이와 같이 운(運)은 추상적인 어떤 사태를 이야기하는 것이 아니라 구체적이고 현실적인 '기(氣)의 흐름'을 나타내는 학문이다. 따라서 이 학문을 우리가 어떻게 이용하느냐에 따라 각자의 운명이 조금씩 달라질 수 있다.

왜 노력은 하지 않고 자기 운명 탓만 하느냐고 하는 사람도 적지 않다. 하지만 건강이 나쁘고 마음이 불편할 때 제대로 노력할 수 있겠는가?

운이 좋을 때의 노력은 200퍼센트 이상 효력이 발생하나, 운이 나쁠 때의 노력은 50퍼센트 이하로 그 성과가 떨어진다. 알고 보면 크게 보아 노력도 운명의 범주에 속하는 셈이다.

사주는 확률이라고 하던데?

종종 받는 질문이다. 사람들의 운명을 실관(實觀, 실제로 감정함)할 때 "내 경우는 잘 맞긴 하는데, 전체적으로 사주가 맞을 확률이 몇 퍼센트나 됩니까?" 하는 질문을 받는다.

언젠가는 텔레비전에 출연한 어느 역학자가 확률이 80퍼센트라고 하는 소리를 듣고 나는 아주 어안이 벙벙했다. '도대체 저 사람이 명리학을 공부하기는 했는가?' 하는 근본적인 의문이 들었다.

사주가 80퍼센트 확률이라면 열 사람 중에서 여덟 사람은 맞고, 두 사람은 맞지 않는다는 뜻이다. 그러면 구체적으로 사주의 작용이 무엇을 나타내는가? 그리고 그 작용은 무엇으로 인해서 표출되는가를 규명함으로써 이 문제의 해답에 가까이 가려고 한다.

사주는 연월일시(年月日時)의 네 기둥을 가리킨다. 이 네 기둥의 구성은 한마디로 운기(運氣)의 작용으로 볼 수 있다. 운기의 작용이란 추울 때 태어났는데 나머지 주위의 환경은 따뜻한가? 더욱 추운가? 더울 때 태어났는데 주위의 환경은 추운가, 아니면 더워서 주위가 더욱 달아오르는가? 또는 봄에 태어났는데 주위가 따뜻함과 서늘함이 같이 공존해서 잘 조후가 이루어지고 있는가 하는 계절의 운기를 말하는 것이다.

여기에 확률을 대입시킨다면 10명의 사람이 영하 20도의 추운 날씨이면 누구나 다 냉기를 느껴야 하고 두꺼운 옷을 입어야 추운 날씨에 견딜 수 있다.

그러나 그중 한 사람이 신체의 이상으로 추운 날씨인데도 춥지 않다고 대답한다면 오늘의 날씨는 어느 정도 냉한(冷寒)하느냐의 질문에 "99퍼센트 춥습니다"라고 대답할 수 있는가? 사주는 운기의 작용임과 동시에 결과적으로 우주가 인간에게 보내는 모든 지표를 여덟 글자로 압축시킨 컴퓨터의 입력 암호이다.

인간은 누구나 계절의 지배를 받고 있으며 지구의 대기권 안에 있는 한 대기권에서 발생한 기(氣)의 움직임에 영향을 받을 수밖에 없다.

그렇다면 목성이나 화성에 가서 살면 어떻게 될까? 나도 목성과 화성에 대해 잘 모르기 때문에 확실하게 이야기할 수는 없다. 하지만 이 지구의 대기권 안에 있는 한 숨을 쉬어야 하고, 숨을 쉬려면 공기의 변화에 따라서 움직여야 하기 때문에 공기의 절대적인 영향력 안에 있다고 할 수 있다.

만약 확률이 80퍼센트라고 가정한다면 열 사람 중에서 언제 사주가 맞지 않는 두 사람이 내 앞에 나타날지 몰라 늘 불안과 초조 속에서 살아야 한다.

또한 이 두 사람 앞에서는 감(感)을 가지고 감정해야 하기 때문에 감이 맞지 않을 때는 심장이 놀라서 심장병이 생길지도 모른다.

그러나 내 경험으로는 운명을 감정하면 할수록 기분은 차분해지며, 우주의 신비에 감탄할 뿐이다. 따라서 실력 없는 사람이 역술을 직업으로 택했을 때는 80퍼센트 이상이 심장병에 걸리리라고 본다.

잘 아는 어느 역술인이 솔직하게 나한테 고백한 적이 있다. 상대방이 예리한 질문을 해서 사주가 바로 보이지 않을 때는 감으로 때려야 하기 때문에 심장이 급속하게 나빠지더란다. 그래서 역술업을 그만두었더니 자동으로 심장병이 나았다는 것이다.

어느 정도 자신할 만큼 실력이 없는 상태에서 상대방의 운명을 감정하는 일은 자신의 몸에 이상을 가져올 뿐 아니라, 잘못 감정한 경우 행복하게 살 수 있는 사람을 결과적으로 불행하게 만드는 결과를 낳기도 하다.

덧붙여서 나는 사주가 맞지 않다고 푸념하는 소리를 종종 듣는다. 그간의 경험을 토대로 솔직하게 이야기하면 사주가 맞지 않는 이유는 크게 네 가지다.

첫째, 역술인들이 공부를 하지 않아서 우주의 암호(사주의 네 기둥인 사주팔자)를 푸는 데 실패했다는 이야기이다.

의사나 판검사가 되기 위해서는 엄청난 공부를 해야 한다. 나는 과감히 이 명리학도 의학이나 법학 못지않게 어려운 학문이라 이야기하고 싶다. 따라서 실력 있는 역술인이 되려면 많은 공부를 해야 하고 또한 우주와 인연이 있어야 한다.

의사도 의술과 인연이 있어야 하며 그 뜻이 하늘과 통해야 한다. 의사가 오진을 하면 환자는 그로 인해 평생을 불구자로 살아야 하는 경우도 있다. 판사도 판결을 할 때는 확실한 증거가 있어야 하겠지만 크게 보면 하늘의 도움을 받아야 한다. 그 뜻이 하늘에 닿아야 한다는 말이다. 그렇지 않으면 오판으로 한 인간이 영원히 불행해진다.

그렇듯 명리학도 공부를 열심히 해서 여덟 자의 글자를 올바르게 해석하여야 한다. 사주가 맞지 않는 데는 무엇보다도 역술인의 책임이 크다.

둘째로, 요즈음은 병원에 가서 아이를 낳기 때문에 계절 및 시간이 정확하지만 옛날에는 시계가 없어서 시(時) 등이 정확하지 않았다.

얼마 전에 어떤 사람의 운명을 감정했는데 사주 내용이 자신과 맞지 않다고 해서 그분의 생년월일을 계속 추궁하고 따졌더니, 결국은 어릴 적에 어머니가 일찍 돌아가셔서 자기의 생년월일이 정확하지 않다고 실토한 적이 있다.

월령(月令)과 일지(日支)의 특징을 가지고 설명했더니 전혀 그것과 맞지 않았기 때문에 생년월일이 잘못되었구나 하는 것을 직감으로 느낄 수가 있었던 것이다.

셋째로, 일반 사주에서는 거의 나타나지 않으나 종사주(從四柱)에서 가끔 틀린 경우가 나타나는 것을 실관한 일이 있다.

종사주란 일주(日主)가 뿌리를 내리지 못해서 세력이 강한 쪽으로 따라가는 경우이다. 이때는 신약(身弱) 사주에서 신강(身强) 사주로 돌변하게 된다. 극과 극은 통한다는 이치로 이해해 줬으면 한다.

똑같은 사주인데 그중 한 사람의 사주가 종사주일 경우, 한 사람은 장관까지 하고 한 사람은 밑바닥을 헤매고 있는 것이다. 이러한 경우에는 우주가 한 사람의 운명을 바꾸어 놓았는데, 왜 바꾸어 놓았는지 정확히 알 길이 없다. 다만, 조상들(특히 어머니)이 엄청난 음덕을 쌓아서 그 결과로 운명이 바뀌지 않았나 추측할 뿐이다.

반대로 종(從)을 해서 잘 살아야 할 텐데 못 사는 경우는, 그 부모의 잘못이 후대까지 내려가지 않고 바로 자식 대에 적용되지 않았나 생각한다. 이 경우도 우주의 큰 뜻은 알 수 없고 다만 추측해 볼 뿐이다.

넷째로, 밑바닥의 사주와 아주 잘 짜여진 사주는 대운의 영향을 많이 벗어나 있다는 것이다.

밑바닥 사주(아주 나쁜 사주)는 더 내려갈려야 내려갈 데가 없고

(기초적으로 의식주는 해결하고 있기 때문에) 또 대운이 좀 좋다 하더라도 기초가 약하기 때문에 결과는 별것이 없는 걸로 나타난다.

나도 초기에는 이런 사주를 보고 '대운이 좋기 때문에 탄탄대로입니다' 하는 소리를 해서 여러 번 실수한 적이 있다.

그 반대로 사주가 너무 잘 짜여져 있으면 집안이 아무리 어려워도 고학을 해서라도 일류 대학을 졸업하는 경우를 많이 보아 왔다. 또한 이러한 사주는 일할 때는 물론 장관급이지만, 놀아도 장관이라는 이야기를 듣는다. 상대하는 사람마다 장관급이기 때문에 놀아도 장관이라는 말이다.

나도 초기에는 "이런 사주는 대운이 나빠서 운이 안 좋습니다"라고 말했을 때 "제 인생은 그저 무난한데요"라는 대답을 들은 적이 많다. 처음 실관할 때는 이런 사주에 대운만 대비하여 실관함으로써 실수한 것이다.

이와 같이 사주는 기(氣)의 작용으로 이해해야 한다. 특히 건강과 인간의 행복과 불행에는 그대로 그 결과가 나타나며, 확률과는 아무 관계가 없다는 것을 다시 한 번 강조한다.

우리나라 명리학의 역사

『황제내경(皇帝內經)』이 동이족(우리 민족)에 의해서 만들어졌다고 전해 내려오나 자세한 기록은 없다. 조선 시대에 들어오면서 무학대사(無學大師), 서경덕(徐敬德), 남사고(南師古), 이황(李滉), 이이(李珥) 등이 명리학자로 유명하며 불가(佛家)의 사명대사(四溟大師, 유정), 서산대사(西山大師, 휴정) 등이 명리학의 대가로 알려져 있다.

최근에 알려진 분으로는 전백인(全白人, 온몸이 희어서 불리게 된 이름), 김선영(金善泳, 맹인) 선생 등이 계시다.

김선영 선생의 제자로는 자강(自彊) 이석영(李錫映) 선생을 들수 있다. 대부분의 사람들이 중국의 고전을 번역하는 데 치중한 반면 자강은 이 학문을 현대화, 실용화시켜서 실제적으로 건강이나 길흉 판단에 적용시킴으로써 획기적이고 독자적인 영역을 개척했다고 본다.

현재는 단원(檀園) 선생, 김석환 선생, 엄윤문 선생 등이 제자를 양성하여 그 제자들이 명리학의 맥을 이어 오고 있다.

명리학은 원래 우리 민족에서 비롯됐으며 중국으로 건너가 꽃을 피웠고 최근에는 일본에서 실용화되었다. 중국은 공산당이 지배하면서 명리학 말살 정책을 편 결과 지금은 한국, 일본보다도 수준이 뒤떨어진다고 본다.

요즈음은 오히려 우리나라로 배우러 오는 중국 유학생이 생길 정도이다. 일본의 명리학은 실용화되었다고 하지만 내가 보기에는 깊이가 없기 때문에 장기적으로는 우리나라가 가장 좋은 위치에 있다. 따라서 이 학문을 기상학, 의학, 약학, 법학, 경영학 등에 응용한다면 세계적으로 독보적인 존재가 되는 것도 별로 어렵지 않다고 본다.

국민들의 이해심과 더불어 제자들을 확실히 양성시킬 수만 있다면 멀지 않은 장래에 명리학에 관한 한 세계의 지도자가 되지 않을까 생각된다.

명리학의 기원

　인류가 지구에 살면서부터 삶의 길흉을 풀기 위해 최초로 천지 자연의 뜻을 묻는 주술(呪術)과 점(占)이 시작되었다.
　처음에는 갑골(甲骨, 거북의 등) 등으로 점을 쳤으나 전국 시대 쯤부터는 귀곡자(鬼谷子) 등이 사람의 생년(生年), 생월(生月), 생일(生日), 생시(生時)로 인간의 문제를 다루기 시작했다.
　그러나 그때의 이론과 철리(哲理)에서 체계화된 운명론이 전개된 것은 아니었다. 오늘날 우리가 찾아볼 수 있는 명리학 관계의 책들을 보면 거의 당(唐, 618~960) 시대에 이루어진 것들이 많다. 명리학이 체계화된 것은 남송 시대 서승(徐升)의 『연해자평(淵海子平)』이 나오고 나서부터이다.
　이 『연해자평』은 동양 역대의 명리학사를 정리하는 획기적인 분수령이 되었다. 즉 서공승 선생에 의해서 사주 운명을 일주(日主)

중심으로 판독하게 되면서부터이다. 일주 중심으로 아버지, 어머나, 형제, 처자 등의 육친(六親)을 분별하고 여기에 일주의 강약을 구별하면서부터 엄청난 발전을 거듭하게 된 것이다.

이후 명리학의 획을 긋는 책이 명나라 때 신봉장남(神峰張楠)이 쓴 『명리정종(明理正宗)』이다. 이 책은 『연해자평』의 오류를 지적한 것이 이색적이다.

그 다음은 명나라 때 만유오(萬育吾)가 편찬한 『삼명통회(三明通會)』인데 오행(五行)에 대한 자세한 설명을 첨부해 놓았다.

그 다음은 명나라 때 심효첨(沈孝瞻)이 쓴 『자평진전(子平眞詮)』으로 인간의 운명을 12 운성(運性)에 대비해서 설명한 것이 특징이다.

이어서 명나라 때 성의백(誠意伯)이 지은 『적천수(滴天髓)』가 있다. 이 책은 비전(秘傳)되어 오다가 청나라 때 세상에 빛을 보게 되었다.

명나라 말에는 청초인(淸初人)이 지었다고 하는 『궁통보감(窮通寶鑑)』으로 주로 조후(調候)에 관한 기록이 많다.

결론적으로 보면 『명리정종』은 격국(格局) 위주로 설명했고, 『연해자평』은 시결(時訣) 위주로, 『궁통보감』은 조후 위주로 설명했으며, 『삼명통회』는 간지(干支) 위주로 설명했고, 『적천수』는 줄거리 위주로 설명한 것이 특색이다.

내가 공부해 본 결과 맞는 것도 있고 틀린 것도 많아서 후학들이 원서 중심으로 공부하기에는 정확한 판단이 서지 않고, 한문으로 되어 있기 때문에 난해해서 너무 많은 시간이 걸리지 않을까 생각된다. 따라서 좋은 스승님을 모시고 집중적으로 공부를 해야만 혼란이 생기지 않고, 시간이 절약된다고 생각한다.

동양의 명리학은 가깝게는 중국의 황하문명(黃河文明)과 같은 기원을 갖지만 실은 고대 우리 민족의 생활철학이었던 '선교(仙敎)' 사상에서 면면히 흘러나온 것이라 지적하고 싶다.

음양과 오행론

　음(陰)과 양(陽)은 본래가 분열의 법칙에 의하여 파생된 것이나 실은 상대적으로 작용되고 있다. 따라서 음과 양은 별개의 것으로 생각하기 쉬우나 각각이면서 공존하고 있으므로 음 속에는 양이 있고, 양 속에는 음이 있다. 그러므로 양이 더 많을 때는 양으로 표현하고 음이 더 많을 때는 음으로 표현된다.

　다시 말하여 여자가 있기에 남자가 있고, 남자가 있기에 여자가 있으면서도, 남녀는 서로가 필요하여 부부로서 공존하고 있다. 양은 음을 바탕으로 음은 양을 바탕으로 비로소 태어나 성장하며 소멸하고 있기에, 음인가 하면 양이요 또 양인가 하면 음이므로 항시 중화(中和)된 것이 가장 이상적인 배합이라 할 수 있다.

　최대의 적이 귀중한 은인이 될 수 있고 반대로 좋은 인연이 언젠가는 적이 될 수도 있으며, 그러한 이치로 적과 은인은 공존하고 마음속에서도 선과 악은 항시 공존하며, 시(始)와 종(終), 순(順)과 역(逆)도 공존하고 있으므로 모든 사물을 관찰할 때 일방적인 편견은 매우 위험하다는 것을 다시 한 번 강조하고 싶다.

또한 음과 양은 서로 상대적으로 양이 천(天)이라면 음은 지(地)가 되고, 양이 정신이라면 음은 육체나 물질이요, 양이 부(父)라면 음은 모(母)가 되고, 양이 남자라면 음은 여자요, 양이 낮이라면 음은 밤이 되며, 양이 형이상학이라면 음은 형이하학이요, 양이 양전자(陽電子)라면 음은 음전자(陰電子)가 된다. 또 양이 춘하(春夏)라면 음은 추동(秋冬)이요, 양이 전(前)이라면 음은 후(後)가 되며, 양은 상(上)이고 음은 하(下)요, 순국(順局)이 양이라면 정복(征服)은 음이 되겠고, 정자(精子)가 양이라면 난자(卵子)는 음이 되며, 정(正)이 양이라면 반(反)은 음이 된다. 이렇듯 모두가 상대적이면서 동시에 상대를 필요로 하고 있는 것이다.

음과 양에 관해서 대충 살펴보았는데 이제는 음양(陰陽)과 오행(五行)의 관계에 대해서 이야기해 보자.

오행의 형상과 근원은 허공, 다시 말해 일기(一氣)에서 분열의 법칙에 의하여 음과 양, 즉 양의(兩儀)로 파생된다. 음은 음전자요 양은 양전자가 되며, 양전자와 음전자 사이에 중성자가 있다. 또 음은 암(暗)이요 한냉(寒冷), 추동(秋冬)과 밤에 해당하며, 양은 명(明)이요 난서(暖暑), 춘하(春夏), 낮에 해당하면서 상대가 된다. 그 상대는 또다시 분열해서 음이 음과 양으로, 양도 음과 양으로 파생

되니 이것이 곧 사상(四象)이다.

음이 변하여 음이 된 것을 태음(太陰)이라 하며, 음이 변하여 양이 된 것을 소양(少陽)이라고 하고, 양이 변하여 양이 된 것을 태양(太陽)이라고 하고, 양이 변하여 음이 된 것을 소음(少陰)이라 한다.

이것을 바꾸어 쉬운 말로 표현하면 태음이란 완전한 음이요, 소양이란 밑바닥은 음이면서 양의 인자(因子)를 가지고 있고, 태양이란 완전한 양이요, 소음이란 밑바닥은 양이면서 음의 인자를 가지고 있는 것을 말한다.

계절로는 소음은 봄, 태양은 여름, 소양은 가을, 태음은 겨울이 되고, 하루로는 소음은 새벽, 태양은 낮, 소양은 석양, 태음은 밤이다. 사람을 볼 때 소음은 여자 같은 남자요, 태양은 남자다운 남자가 되겠고, 소양은 남자 같은 여자에, 태음은 여자다운 여자이다.

체질상으로 본다면 소음은 겉은 따뜻한데 속은 차가운 체질이요, 소양은 겉은 차가우나 속은 따뜻하고, 태음은 겉과 속이 차가운 체질이며, 태양은 겉과 속이 모두 따뜻한 체질이다.

조후로 본다면 소음은 따뜻하고 태양은 뜨거우며, 소양은 서늘하고 태음은 차갑다. 이것을 다시 알기 쉬운 부호로 바꾸면 소음은 목(木), 태양은 화(火), 소양은 금(金), 태음은 수(水) 자로 지정하여 응용하고 있으며 여기에 중성자(中性子) 토(土) 하나를 더하여 다섯이 되므로 오행(五行)이라 한 것이다.

이와 같이 형성된 목화토금수(木火土金水)는 눈에 보이는 나무,

불, 흙, 쇠, 물 등의 형이하학적인 면으로만 알기 쉽다. 그러나 실은 목기(木氣), 화기(火氣), 토기(土氣), 금기(金氣), 수기(水氣)로서 형이상학적인 면도 겸비하고 있다는 것에 유념함과 동시에 앞으로 응용하는 데도 예외가 없다는 것을 명심해 주기 바란다.

앞서 한 설명들을 도표로 나타내면 다음 그림과 같다.

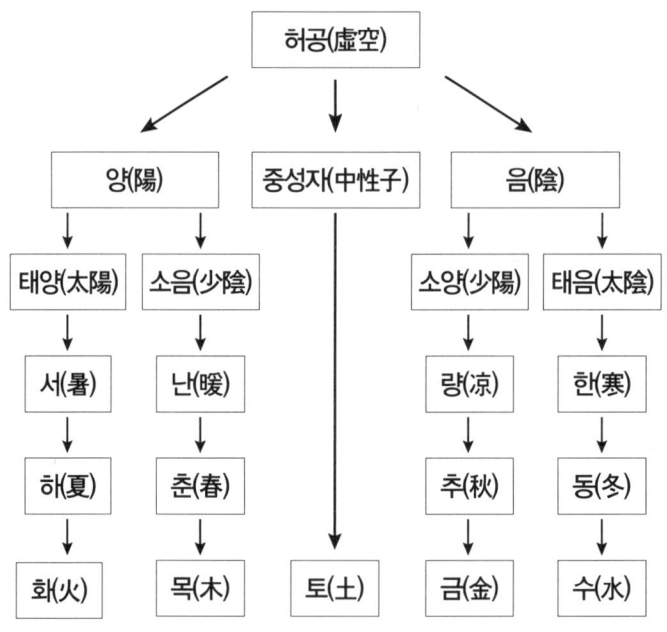

사주를 보러 다니는 사람이
알아야 할 필수 사항

　사주로 운명을 푸는 사람은 신이 들려서 신기(神氣)로 운명을 예측하는 사람과는 근본적으로 다르다.
　사주는 생년, 생월, 생일, 생시를 기준으로 해서 기(氣)의 움직임을 과학적으로 정리하기 때문에 첫째는 자기의 사주팔자, 즉 여덟 글자를 아는 것이 가장 중요하다. 남쪽에서는 그렇지 않지만 중국과 근거리에 있는 북쪽에서는 옛날부터 사주를 보러 가면 자기의 사주팔자를 직접 알려 주며 봐 달라고 했다는 이야기를 스승님으로부터 들은 적이 있다.
　둘째는 나의 용신(用神, 수호신)이 무엇이냐고 물어볼 필요가 있다. 왜냐하면 자기의 수호신이 무엇인지도 모르면서 길을 가는 것은, 앞길을 밝혀 주는 등잔불도 없이 캄캄한 밤거리를 걷는 것과 같기 때문이다.

오행은 목화토금수(木火土金水)로 나누어지는데, 나의 용신이 화(火)인 것과 수(水)인 것은 하늘과 땅 차이이다. 또한 이것을 모르고는 길흉화복을 전혀 구별할 수 없다.

용신을 모르고 보는 사주는 상대에게서 오는 감(感)만으로 보는 것이기 때문에 완전히 눈치 싸움, 눈치 전쟁이라고 하겠다. 우리의 사주팔자는 우주가 인간에게 보내는 엄숙한 선언이기 때문에 인간의 하찮은 감으로 보는 것은 우주를 모독하는 일이다.

따라서 사주를 보러 가는 사람은 "나의 용신이 무엇입니까?" 하고 물어봐서 용신에 대비한 숫자, 방향, 색깔, 음식의 구별 등 다양한 방법을 실생활에 응용하는 것이 좋다.

용신을 정확하게 정리해 주지 못하는 역술인은 한마디로 엉터리라고 단언해도 좋다. 용신 공부를 다 끝내면 사주 공부의 90퍼센트를 마친 것이나 다름없다고 하는 이유는 이러한 이유 때문이다.

나머지는 간지체성론(干支體性論), 육친에 대한 정리, 여기에 따른 일주(日主)의 강약 구별, 길신(吉神), 흉신(凶神)의 대비 등만 남아 있다. 용신은 어느 의미에서는 사주의 전부라고 이야기할 수 있다.

세번 째는 태어날 때 몸의 어디가 부실했는가, 그리고 지금은 어디가 건강이 안 좋은가, 올해는 어디를 주의하여야 하는가 등 건강에 대한 이야기를 물어봐야 한다. 그래서 태어날 때부터 안 좋은 곳은 항시 주의해야 하고 평소의 대비를 게을리해서는 안 된다.

네번 째는 육친에 대한 이야기이다. 육친에 대한 이야기는 자란 환경과 아주 밀접하게 연관되어 있다. 나쁜 것은 나쁜 것대로 좋은 것은 좋은 것대로 참고해서 건설적인 방향으로 유도했으면 한다.

다섯번 째는 나의 대운은 어떻게 형성되고 있는가에 대한 것을 물어봐야 한다. 사주는 태어날 때 타고나는 차라고 하면, 대운은 길[운로(運路)]이기 때문이다. 아무리 좋은 사주를 타고났어도 가는 길이 험하거나 막혀 있으면 그 차는 속도를 내서 달릴 수가 없다.

그렇기 때문에 10년마다 변하는 대운과 나의 사주를 비교 분석함으로써 진로의 선택이라든지, 사업이 잘되는지 안 되는지, 직장에서 승진이 되는지 안 되는지, 승진이 되면 결과는 좋은지 나쁜지 하는 길흉화복에 대한 정확한 판단을 내릴 수 있다.

마지막으로 올해의 운을 물어봐야 한다.

이렇게 전반적인 운을 보려면 최소한 한 사람 앞에 15분 이상 걸린다. 이것을 1~2분 내에 끝내는 것은 역술인이 엉터리이거나 아니면 보러 온 사람이 사주의 기초가 전혀 없기 때문에 나타나는 현상이다.

더욱 좋은 것은 역술인과의 대화를 녹음해서 이것을 평소에도 들으면서 피흉추길(避凶趨吉, 흉한 일은 피하고 길한 일에 나아감)의 방법으로 실생활에 응용하면 하루하루가 더욱더 발전할 것이다.

주역과 명리학 그리고 무속은 어떻게 다른가

대부분의 사람들이 명리학은 주역에서 나왔다고 믿고 있는 것 같다. 그러나 이것은 전혀 사실과 다르다.

크게 봐서 세상의 이치를 판단하는 학문을 역학(易學)이라고 한다. 역(易)은 '바뀐다'는 뜻이다. 따라서 인간사를 포함한 모든 세상의 이치가 계속 바뀐다는 것을 기초로 하고 있다.

역학에는 주역(周易), 명리학(命理學), 관상, 손금, 골상, 풍수지리, 성명학 등 여러 흐름이 있다.

주역에는 경전(經典)과 육효(六爻)가 있다. 경전은 우주 만물 및 세상의 돌아가는 이치를 설명하고 있다. 이에 반해서 육효는 인간사를 점치는 학문이다. 육효로 점을 치는 방법은 각자의 사주팔자, 점칠 당시의 시간을 확인하거나, 산가지를 던져서 이것을 기초로 해서 점을 치는 등 다양하다.

주역이라고 하면 육효 쪽보다 경전 쪽에 무게가 더 실려 있다. 주역은 주나라 때 생겼다고도 하고, 그 이전에 이미 존재했다고도 하는 등 탄생 시기가 불확실하다.

주역에 비해서 명리학은 각자가 태어난 생년월일을 가지고 운기(運氣)의 흐름을 분석함으로써 각자가 가지고 있는 일생의 흐름을 그래프로 그려 놓을 수 있는 순수한 학문이다.

따라서 주역과 명리학은 역학이라는 거대한 흐름에는 맥을 같이 하지만, 학문적인 출발이 완전히 다르기 때문에 각각 독립된 영역을 갖고 있다. 일부 사람들이 주역 속에 명리학이 있다고 믿고 있으나 이것은 사실과 완전히 다르다.

또한 운명을 감정하는 대부분의 사람들이 신을 통해서 운명을 점치는 무속과 명리학을 동일시하거나 혹은 확실하게 구별하지 못하고 있는 것 같다.

명리학, 주역 등은 다 자령(自靈)에 의해 예측하는 역학의 범주에 속한다. 즉 공부나 수도 수련을 통해 자신의 영(靈)을 밝게 하여 타인의 운명을 확실하게 판단할 수 있는 혜안을 높이는 데 목적이 있다.

한마디로 학문을 통해서 자신의 영이 맑아지기 때문에 순수하게 학문적인 입장에서 접근하는 게 순리라 하겠다. 깊은 산속에서 이 학문을 공부해 크게 도인이 됐다는 사람을 가끔 만나는데 그들은 거의가 가짜라고 해도 과언이 아니다.

명리학, 주역과 달리 무속(巫俗)은 타령(他靈)에 의해 운명을 예측한다. 타령이란 다른 사람의 영이다. 즉 다른 사람의 영이 나의 의식 속에 들어와 나의 의식을 지배하고 행동하는 경우를 말한다. 한마디로 무속은 접신(接神)이 되어 그 신을 대신해서 사람의 운명을 말해 주는 것이다.

문제는 무속인이 어떤 신(神)과 연결되어 있느냐 하는 것이다. 어떤 무속인은 앞으로 일어날 상황이 스크린으로 눈에 보인다고 한다. 또 다른 경우는 앞으로 일어날 상황이 귀에 들린다고도 한다.

만약 어떤 무속인이 아주 훌륭하고 고매한 신과 접신이 되어 있다면, 그 나름대로 이 사회를 계도하고 다른 사람의 운명을 좋은 방향으로 이끌 수 있다는 점에서 좋은 일이라고 생각한다. 하지만 아주 천한 귀신과 접신이 되어 있다면 그것은 본인뿐만 아니라 사회를 위해서도 불행한 일이라 아니할 수 없다.

나는 한번도 접신이 되어 본 일이 없기 때문에 이 세계를 잘 모른다. 무속의 세계는 다양하기 때문에 한마디로 결론 내리기가 쉽지 않다.

운명을 감정하는 데 있어서 명리학에서는 몇 년, 몇 월, 며칠, 몇 시에 사람이 태어나느냐에 따라 운명의 방향이 바뀌는 데 반해서, 무속에서는 단편적인 사실들을 나타내기 때문에 정확성에 있어서 엄청난 차이가 난다고 할 수 있겠다.

용신을 알면 귀신을 마음대로 부릴 수 있다

명리학에서는 용신(用神)을 가장 중요시한다.

'용신이 별 볼 일 없는 사주는 큰일을 못한다' 하기도 하고 '용신만 살아나면 모든 일이 잘된다'고 표현하기도 한다. 나도 이 공부를 처음 시작할 때 용신 때문에 아주 애를 먹었던 기억이 있다. 지금도 고약한 사주를 만났을 때는 용신 잡는데 시간이 걸린다.

처음 용신을 공부할 때는 나보다 먼저 공부한 선배들이 용신이 너무 어렵다고 해서 처음부터 겁을 먹었다. 하지만 어려운 것은 쉬운 것이요 쉬운 것은 알고 보면 어려운 것이라는 평범한 진리를 믿고 열심히 공부한 결과, 어느 날 용신의 윤곽이 그려지면서 사주 공부를 한 차원 더 끌어올릴 수 있었다.

처음 사주를 배운 지 2개월쯤 지났을까, 멋모르고 사주의 용신을 지적했다가 스승으로부터 건방진 놈이라고 야단을 맞은 일도 있다.

그러나 내가 보기에는 사주 공부의 기초만 튼튼하면 용신 잡는 일은 그리 어렵지 않다고 생각된다. 문제는 얼마나 기초를 착실히 다졌느냐이다.

내가 볼 때 명리학 공부를 시작한 후, 적어도 6개월 이내에는 맞든 틀리든 나름대로 용신을 집어낼 수 있어야 한다. 그렇지 못하면 그 사람은 역학 공부에 거의 희망이 없다고 해도 과언이 아니다.

나는 이 학문을 30년 이상 공부했다거나, 20년 이상 공부한 사람을 몇 사람 만나 봤다. 대부분 엉터리였다. 그 원인은 사주의 기초 공부가 약한 데서 찾을 수 있다.

사주는 크게 보아 음(陰)이 많으면 양(陽)을 취하고 양이 많으면 음을 취한다. 오행으로 보면 목화(木火)가 양이고 금수(金水)가 음이다.

이것이 대원칙이고, 세부로 들어가면 아주 복잡하면서도 간단하게 해결된다.

이 사주 공부는 '하나 더하기 하나이면 둘이고 다섯에서 셋을 빼면 둘이다'가 대원칙이지만 세부적으로 들어가면 하나 더하기 하나가 여덟도 되고 제로도 된다. 기초 공부가 착실하면 이것을 어떻게 정리해야 하는지 확연히 구별할 수 있다.

요즘 시중에서는 어떤 사주를 보고 화(火)가 많으니 수(水)를 첨가하면 이것이 용신이라고 한다. 이렇게 말하는 엉터리가 의외로 많다. 명리학이 이렇게 쉬운 학문이라면 얼마나 편할까? 용신은 한마디로 사주의 조화, 그리고 조후 또는 균형을 이루는 데 필요한 요소라고 표현할 수 있다.

대다수 사람들의 사주는 균형을 유지하지 못하고 한쪽으로 기울어져 있다. 이 한쪽으로 기울어져 있는 것을 바로잡아야 하는데, 바로잡는 데 필요한 오행(五行)을 용신이라 부른다.

개개인의 사주가 각각 다르듯이 용신도 다 다르다. 사주에서는 용신이 건강하면 세상을 살아가는 데 그만큼 편안하다고 한다. 반면 용신이 자기 사주에서 약하거나 피상되어 있으면 세상살이가 가시밭길이다.

용신은 각자를 보호하는 보호 신(神)이라고 볼 수 있다. 보호 신이 그 대상을 보호하지 못하면 그 사람이 고생할 것은 뻔한 일이다.

예를 들어 어떤 사람에게 재성(財星) 운이 들어왔다고 하면, 그것이 그 사람에게 길(吉)이 되는지 흉(凶)이 되는지를 알아야 전체적인 윤곽을 파악할 수 있다.

길흉을 파악하지 못하면 무조건 재수 있다고 할 수밖에 없는데, 실제로 재수가 있다면 제대로 맞추었다고 하겠으나 재성이 그 사람에게 나쁜 영향을 끼치는 경우에는 현실과 동떨어진 엉뚱한 결론이 나올 수밖에 없다.

이런 경우에 재성이 본인한테 도움이 되면 용신이라 할 수 있고 그것이 흉이 되면 기신(忌神)이 된다. 때문에 용신은 각자가 가야 할 방향을 가리키는 방향계라고 할 수 있다.

재성을 따져 볼 때[보통 시중에서 이야기되는 재운(財運)을 가리킴] 재성이 들어와서 그 사주에 도움이 된다면, 다시 말해 재성으로 인해 그 사주가 균형과 조화를 이룰 수 있다면 분명히 좋은 작용이 인생에 그대로 나타난다.

재성(財星)이 본인한테 좋은 작용이 될 때는 다음과 같다.
① 평소에 하고 싶던 일이 쉽게 성사된다.
② 만인 위에 군림하게 된다.
③ 돈과 이성이 생긴다.
④ 마음이 편안해진다.
⑤ 회춘하기 때문에 건강이 아주 좋아지며, 따라서 아무리 열심히 일해도 피곤하지 않다.
⑥ 정신이 집중되므로 일의 능률이 배가된다.

그러나 재성 운이 본인에게 불리할 때는 다음과 같다.
① 재물을 탐내다가 큰 화를 당하게 된다.
② 부도가 나서 인생의 모든 것이 풍비박산된다.
③ 부부간에 이별수가 생긴다.
④ 관재, 송사가 발생된다.
⑤ 이성 때문에 망신당하는 일이 생긴다.
⑥ 소화가 안되기 때문에 위장이 나빠진다.

⑦ 사업을 하면 앞으로 남는 듯 보이나 뒤로 밑진다.

위와 같이 본인의 사주에 미치는 재성의 좋고 나쁨에 따라 그 결과가 확연히 다를 수 있다.

관성(官星) 운 또한 좋고 나쁨이 정반대의 결과를 가져온다.

관성 운이 좋을 때는 다음과 같다.
① 승진하거나 감투를 쓰게 된다.
② 골라서 일을 맡을 수 있고 몸이 두 개가 있어도 부족할 만큼 바빠진다.
③ 그동안 이루지 못하고 고민하던 것을 다 이루게 된다.
④ 직장에 경사가 있고 상사로부터 인정받는다.
⑤ 적은 노력으로 큰일을 이룰 수 있다.
⑥ 관(官)이 나를 돕는다.
⑦ 원수가 변하여 은인이 된다.
⑧ 명예, 돈이 한꺼번에 들어온다.

그러나 관성 운이 나쁠 경우에는 다음과 같다.
① 몸이 피곤하고 병명도 없이 아프기 시작한다.
② 하기 싫은 일을 억지로 맡게 된다.
③ 1년 내내 감사를 받을 일이 생긴다.
④ 구설, 모략, 누명을 쓰게 된다.

⑤ 직장에서 쫓겨나게 된다.
⑥ 부부간에 이별수가 생긴다.
⑦ 악몽에 시달리는데, 특히 요사스런 꿈에 시달린다.

이와 같이 길흉의 차이는 엄청나다.

언젠가 내가 남쪽의 어느 작은 도시를 방문했을 때, 어떤 역술인이 일주(日主)와 연운(年運)으로 길흉을 판단하는 것을 보고 경악을 금치 못한 일이 있다. 사주 전체의 흐름을 봐야지 단편만 보고 그 사람의 운을 판단하면 커다란 오류를 범하기가 쉽기 때문이다.

그렇다면 길흉을 판단할 수 있는 근거는 무엇인가?

모두 그렇다고 볼 수는 없으나 원칙적으로 볼 때, 사주의 형태가 너무 강하면 강한 것 자체가 병(病)이 되므로 강한 것을 약하게 만드는 작용이 들어올 때 균형과 조화를 이룰 수 있다. 반대로 너무 약한 사주는 힘을 더 강하게 보태 줄 수 있는 작용이 들어올 때 균형을 이룰 수 있다.

인생살이도 너무 강하면 여기저기 부딪치기 때문에 결국은 부서지고 깨질 수밖에 없다. 사주도 이러한 이치와 똑같다. 조화와 균형이 이루어질 때 인생살이가 쉽게 풀리면서 자기가 이루고 싶은 목적지에 도착할 수 있는 것이다.

반대로 너무 약한 인간은 여기저기서 얻어맞기 때문에 결국은 파멸할 수밖에 없다. 이럴 때는 자신의 힘을 기르고 주위의 도움을 받아야 조화와 균형을 이룰 수 있다.

이렇게 조화와 균형을 이룰 수 있게 만드는 파워(힘)를 우리는 용신이라는 말로 축소해서 표현하고 있다.

사주에서 용신이 차지하는 비중은 너무나 크기 때문에 용신을 완전히 구별할 수만 있다면 사주 공부의 90퍼센트는 끝난 것이나 다름없다. 용신은 인간 각자에게 적용되는 대운이나 연운이 길운(吉運)인지 흉운(凶運)인지를 구별하는 지렛대가 된다.

운명을 감정하는 역술인의 90퍼센트 이상이 용신에 대해 정확하게 정리하지 못한 채 남의 운명을 보고 있는 것이 현실이라 실로 착잡한 마음을 금할 수가 없다.

용신이라는 말은 한문이다. 이것을 한글로 풀어 보자. 용(用)은 쓸 용 자이고 신(神)은 귀신 신 자이다. 이 두 글자를 합하면 '귀신을 마음대로 부린다'는 뜻이다. 더 쉽게 풀이하면 용신(用神)을 완전히 구별할 능력이 있는 사람은 귀신(鬼神)을 마음대로 부리기 때문에 일체의 잡신(雜神)이 접근하지 못한다는 뜻이 암시되어 있다. 잡신으로부터 어떠한 방해도 받지 않고, 더 나아가 일체의 귀신을 마음대로 부린다는 말이다.

용신을 마음대로 구별할 수 있을 정도로 실력이 쌓인다면 그때부터는 학자 신(學者神)의 도움을 받는다고 한다. 학자 신은 모든 신 가운데서 최고의 경지에 있는 신(神)이다.

얼마나 엄청난 말들인가?

용신은 '조화와 균형' 그리고 '우주의 질서' 그 자체다. 그것만이 재창조를 위한 확실한 원동력임을 우리에게 가르쳐 주고 있다.

인생살이는 억지로 진행되지 않는다. '조화와 균형'이 가미되어야 재창조의 에너지를 공급받을 수 있다. 각자가 살아가는 인생살이나 사주를 해독하는 방법이나 원리는 똑같다. 요즈음 시중에서는 똑같은 사주를 갖고 여기 가면 이 소리, 저기 가면 저 소리라고 불평이 많다.

다 용신 공부를 철저히 하지 못한 데서 그 원인을 찾을 수 있다. 용신만 정확히 찾아낸다면 해설하는 방법에 약간의 차이는 있겠으나 거의 대동소이할 것이다. 따라서 용신 공부야말로 사주 해석에서 핵심 중의 핵심이라고 할 수 있다.

명리학을 공부하고 싶은 후학들은 부디 용신 공부를 게을리하지 말 것을 권고한다.

명리학을 공부하기 전의 준비 자세

　명리학은 운기(運氣, 기가 움직이는 것)의 작용이기 때문에 우선 기학(氣學)의 이론적인 뒷받침과 기에 대한 훈련을 함으로써 명리학을 이해하는데 한 걸음 더 다가가리라고 본다. 여기에 내가 본 기의 이론과 기의 훈련 요령을 간단히 기술하겠다.

　① 기(氣)란 무엇인가?
　공기는 우리의 눈에 보이지 않는다. 그러나 공기로 인한 호흡 작용이 중단되면 목숨이 끊어지는 것을 우리는 잘 알고 있다. 따라서 기를 이런 차원에서 이해해 줬으면 한다.
　기는 모양이 없는 무형으로 우주 공간에 빛과 소리와 파장으로 존재한다. 시간과 조건의 연(緣)이 되면 유형(有形)이 되어 여러 가지 모습으로 불가사의한 기능을 수행하다가 때가 되면 본래 있던

공(空)한 자리로 돌아가려는 환원성과 영원히 진화 존재케 하는 본원성을 가지고 있다.

이와 같이 기 자체는 전혀 새로운 것이 아니다. 원기, 병기, 냉기, 온기, 열기, 대기, 기운이 없다, 기운이 좋다, 기가 죽다, 기가 살다 등의 말들을 사용해 왔다는 사실에서 예부터 인간이 기(氣)라는 것에 착안하고 있었던 사실을 알 수 있다.

우리 인생 속에서의 기의 성질, 역할을 살펴보자.

우리의 육체는 모태로부터 태어나 성장하고 장성하는 역사 속에 때에 맞는 모습과 생명 활동 역할을 수행하다가 연(緣)이 다하면 머리카락, 손톱, 치아, 가죽, 살, 힘줄, 뼈, 눈물, 진해, 가래, 오줌은 물로 돌아가고, 몸의 더운 운기는 바람으로 돌아가 결국 지수화풍(地水火風)으로 흩어져 제자리로 돌아가게 되어 있다.

결국 삶과 죽음이 기에 의하여 이루어지는 것이다. 또한 사람은 세상에 태어날 때 선친으로부터 생명 활동의 근원이 되는 원기(元氣)를 받아서 우주의 자기(磁氣)에 둘러싸여 대기(大氣)를 흡수하고 식물로부터 곡기(穀氣)를 흡수하고 살아간다. 따라서 인간이 살아간다는 것은 결국 인생이라는 그릇에 담긴 기의 움직임을 뜻한다.

이처럼 기의 실체를 물리학자들은 전자, 자기, 소립자, 미립자, 중성자라는 말들로 분석하여 표현하고 있다. 기는 생명력, 복원력, 치유력을 갖고 있을 뿐 아니라 천문학, 지리학, 철학, 의학, 예술 등 사회 모든 분야에 걸쳐 그 근원적 뿌리가 되고 있으며, 결과를 낳는 중요한 요소이다.

② 기(氣)에 대한 훈련

기에 대한 훈련은 한마디로 명상 훈련이다. 명상의 핵심은 정신 집중이다. 정신 집중은 인간의 물질 세계와 영적 세계를 연결시키는 교량 역할을 한다.

인도 출신의 미국인 의사 '디팩 초프라'는 『현대병과 명상 치료』라는 책에서 〈명상은 질병, 스트레스, 못된 습관, 부정적 태도, 불행한 체험 등에 의해 막혀 있는 창조적 지성의 유출 통로를 열고 활성화시킨다〉고 표현하고 있다.

이러한 명상 훈련은 무념무상의 상태에 도달하기 위한 마음의 상태를 말한다. 이러한 훈련 과정을 통해서 명상은 무한한 깨달음의 세계로 우리를 인도하여 준다.

명리학 자체가 우주와 연결되어 있는 학문이기 때문에, 우주에 다가서는 방법의 하나로써 명상 훈련을 적극 권하고 싶다.

③ 한문의 중요성

명리학은 한문(漢文)이 주류를 이루고 있다. 따라서 한문 기초 실력이 없이 명리학을 한다는 것은 상당히 힘든 일이다. 나도 처음 명리학 공부를 시작할 때는 무엇보다도 한문 실력이 부족해서, 한문 공부를 하려고 하니 아주 힘이 들었던 경험이 있다. 명리학 공부를 하려면 우선 천자문(千字文) 정도라도 완전히 해독하여야(이 정도는 알아야 우선 공부를 시작할 수 있다) 한다는 것이 내 생각이다.

많은 학우들이 한문을 몰라서 애를 먹고, 도중에 불행하게도 공부를 포기하는 경우를 많이 보아 왔다. 수업 시간에도 한문으로 강의를 많이 하기 때문에 한문을 모르는 사람은 다른 사람보다 두 배 이상 힘이 든다는 것을 강조하고 싶다. 덧붙여, 기초적인 습자 연습을 하면 더 좋겠다.

④ 육십갑자(六十甲子)

명리학은 육십갑자가 주류를 이루고 있다.

그렇기 때문에 갑자(甲子), 을축(乙丑) 순으로 해서 임술(壬戌), 계해(癸亥)까지 차례대로 외우는데, 나의 경험으로는 일주일 정도 걸렸다. 그리고 그것이 끝나면 역으로 계해, 임술 순으로 시작해서 을축, 갑자까지 다 외워야 한다. 내 경우에는 10일 정도 걸렸다. 그리하여 순(順)으로나 역(逆)으로나 완전히 외우는 것이 중요하다.

⑤ 좋은 스승

우수한 스승의 선택은 학문의 성패를 좌우한다.

나도 여러 선생님을 경험했지만 운이 좋아서인지, 마지막에는 세계적인 학자를 만나서 오늘날 여기까지 순탄하게 오게 되었다.

강화에 있는 마니산 참성대에 단군제를 지내러 갔을 때, 우연히

한 차에 대구의 이 모씨와 동승한 것이 기회가 되었다. 그분한테서 그가 사사했던 선생님의 이야기를 듣고 처음에는 그냥 한번 찾아 뵙자고 생각했는데 강의를 듣고 보니 '아! 내가 찾던 선생님이구나!' 라는 직감이 왔다. 눈이 번쩍 뜨이고 몸은 구름 위를 날아가는 기분이었다.

그러나 그때 나는 이미 집사람과 공부를 마치겠다고 약속한 기간이 지났고, 집에서도 더 이상 학비를 대 줄 형편이 안 되었다. 어느 때는 대학에 다니는 아들이 아르바이트를 해서 번 돈으로 내 학비를 내기도 했던 것이다.

나는 선생님께 이런 나의 사정을 이야기하고 꼭 벌어서 갚을 테니 제자로 키워 달라고 말씀드렸더니, 사주를 대라고 하셨다. 선생님은 사주를 검토한 후 그렇게 하라고 말씀하셨다. 지금 생각해 보면 선생님은 내가 어느 정도의 그릇은 될 수 있다고 생각하신 모양이다. 선생님은 나에게 돌아가신 자강 이석영 선생의 말씀을 들려주셨다.

자강 선생님이 청주에서 처음 역학을 시작할 때 종이 살 돈이 없어서 찢어진 창호지에 글을 써서 주셨고, 점포를 얻을 돈이 없어서 걱정하고 있을 때는 어떤 집에 귀신이 붙어서 아무도 들어가지 않는다는 말을 듣고는 그 집으로 들어가셔서 불같이 일어나셨다는 말을 하시면서 나에게 꼭 성공하라는 당부를 잊지 않으셨다.

나는 지금도 선생님을 생각하면 감사한 마음뿐이다. 선생님 은

혜에 보답하는 길은 나도 우수한 제자를 양성하는 것이라 믿는다. 이상 열거한 다섯 가지를 기초로 해서 명리학에 입문하는 것이 이 학문을 이해하는 보다 빠른 길이리라.

여덟 글자 암호로
해독되는 현상들

사주의 여덟 글자 안에는 우선 건강에 관한 제반 문제가 기술되어 있다. 우리 인생살이에서 가장 중요한 것은 건강이기 때문에 건강 문제를 먼저 다루기로 하자.

우리는 겨울에는 추우니까 따뜻한 옷을 입고 여름이면 더우니까 시원한 옷을 입는 것이 생활 습관이다. 그런데 어떤 사람은 처음 날 때부터 거의 옷을 입지 않고 태어났다. 여름에는 그래도 춥지 않으니까 견딜 수 있지만 겨울에는 추우니까 일차적으로는 동상이 걸리고, 그 다음은 몸이 굳어지면서 근육이 마비되어 버린다. 근육이 마비되면 살아도 살아 있는 것 같지 않고 죽은 사람과 다름이 없다.

반대로 너무 많은 옷을 입고 태어난 사람이 있다. 이 사람은 추운 겨울에는 옷을 많이 걸치지 않아도 본래 태어날 때부터 옷을 많이 입고 있기 때문에 괜찮다. 하지만 여름에는 푹푹 찌는 폭염을 견디지 못하고 쓰러질 수밖에 없을 것이다.

태어날 때 어떻게 태어났느냐 하는 것을 암호로 표시했는데, 이것이 바로 갑을병정무기경신임계(甲乙丙丁戊己庚辛壬癸) 천간(天干) 10개이고 자축인묘진사오미신유술해(子丑寅卯辰巳午未申酉戌亥)의 지지(地支) 12개다.

이 천간 10개와 지지 12개가 모여서 팔자(8자)를 형성하는데 이 팔자 안에 인간사의 흥망성쇠가 다 담겨 있는 것이다.

첫째, 타고나면서부터 건강에 이상이 있는 곳이 있었는지가 잘 나타나 있다.

예를 들어 위가 나쁘다 하면 위경련, 위처짐증, 위무력증, 위산과다, 신경성 위장병, 위궤양 등이 자세히 나타나 있다. 만약 위처짐증에 걸려 있다 하면 토(土)가 금(金)에 의해 약해져서 나타나는 현상인데 이것이 바로 원류(源流)이다.

원류란 출발점이고 처음, 시작이란 뜻이다. 그렇기 때문에 생년, 생월, 생일, 생시의 팔자는 처음 태어나서 어디가 나쁘고, 현재는 어디가 안 좋은가 하는 것을 정확하게 진단할 수 있다. 따라서 원류에서 병을 막고 동시에 진행 중인 병을 치료하면 치료 효과가 빠르지 않을까 생각된다.

우리 몸은 부분이 전체이고 전체가 부분이기 때문에 태어나면서 몸에 이상이 있는 곳을 아는 것은 대단히 중요하다. 이렇게 사주팔자는 건강에 관한 정확한 지적을 해 주고 있다. 또 죽을 때는 어떤 병으로 죽는지도 정확히 나와 있다.

나의 의견으로는 현대의 양의사, 한의사, 약사 등이 이 사주팔자를 의학과 약학에 이용하는 것이 서구의 의·약학을 이기는 첩경이라고 생각한다.

또한 약국에 가서 약을 달라고 하면 항시 일정한 양을 주는데, 사람마다 필요한 약의 양이 다르다. 가령 수(水)가 사주에 많은 사람은 다른 사람보다 약의 투여량을 늘려야 한다. 마취 시에도 마취가 잘 되지 않는데 그 이유는 물이 많아서 약의 작용이 희석되기 때문이다.

사람의 체질은 각각 다르다. 일주(日主)가 뿌리가 없어서 근(根)을 못하고 종(從)을 했다고 하자. 이는 부모가 일찍 죽어 고아원에 들어가게 됐는데 거기서 인정을 받아서 장학금을 받고 미국 유학까지 간 다음 박사학위를 받고 금의환향하여 출세한 것과 같다.

그래서 뿌리가 없을 경우는 아예 없어야 좋은 사주가 된다. 극과 극은 통한다. 중국의 덩샤오핑은 그토록 못생겼기 때문에 극과 극이 통하는 원칙에 따라 세계적인 대귀인(大貴人)이 되었다.

종을 한 사주는 자신을 버리고 따라갔기 때문에 특이체질이다. 이런 경우 무슨 약이든지 처음에 조금 먹어 본 후 부작용이 안 나타날 때 먹어야 한다.

사주팔자에는 건강에 관한 무한한 신비가 숨어 있다. 그러므로 우리는 현실에 이것을 이용하여야 한다.

앞에서 지적했지만 사주팔자를 보면 어떤 병으로 죽을 것인가 하는 것도 알 수 있다.

먼저 사주팔자에는 가장 세력이 왕성한 것이 있는데 이것으로 인해 병이 났을 때는 모든 약이 쓸모없게 된다. 왜냐하면 나의 신체 대부분이 적으로 변하기 때문이다. 아프다는 것은 모든 요소가 나를 괴롭히는 나의 적으로 변화했음을 의미한다.

사주팔자에는 나를 지탱해 주는 핵심이 있다. 우리는 그것을 용신이라는 말로 표현한다.

용신은 사주의 핵이요, 나를 보호해 주는 보호신인데 보호신이 파괴되면 그때는 천명(天命)을 다하게 된다. 태어나서 죽을 때까지의 건강 문제가 사주의 팔자 안에 다 담겨져 있는 것이다.

둘째, 육친에 관한 문제들이 기록되어 있다.

육친(六親)이라 함은 부모, 형제, 처자를 통틀어 이르는 말이다. 부모덕이 있다든지 없다든지, 부모와 연이 있는지 없는지, 형제·처자와의 관계도 이 팔자 안에 나타나 있다. 나타나 있지 않은 경우에는 인연이 없다고 봐도 된다.

가령, 첫째 아이 사주에는 아버지가 나와 있는데 둘째 아이 사주에는 아버지가 안 나타나 있는 경우가 있다. 이럴 경우 아버지가 다쳐서 입원하면 첫째 아이는 그 이야기를 들은 즉시 모든 것을 미루어 둔 채 병원으로 향하지만, 둘째 아이는 직장 일 끝마치고 퇴근

해서 자기 할 일 다하고 난 뒤 병원으로 간다.

셋째, 그 사람의 성격과 주위의 환경이 기술되어 있다.

예를 들면 좋은 환경에서 태어났다든지 아니면 어려운 환경에서 태어났다든지 하는 부분이다.

넷째, 사주팔자 안에는 누구든지 그 사람을 보호하는 수호신, 즉 용신이 나타나 있다.

자기의 용신(用神)이 살아나면 자기를 지켜 주는 수호신이 건재하다는 뜻이므로 어려운 일도 잘 풀리고 몸도 건강하다. 따라서 용신의 작용이 사주의 가장 중요한 부분을 차지하고 있다.

다섯째, 대운이 언제 들어오는지가 나타나 있다.

대운(大運)은 큰 운이라는 뜻이 아니고 10년마다 바뀌는 운을 말한다. 누구든지 10년마다 운이 바뀐다. 따라서 바뀐 운이 좋으면 10년 동안은 편안하다 볼 수 있으나 10년 동안의 운이 나쁘면 매사에 방해를 받는다.

여섯째, 용신에 대비해서 올해 운이 좋고 나쁘고가 구별된다.

대운이 나쁜데 올해 운이 좋다고 해서 "운이 아주 좋습니다" 하고 말하면 안 된다. 그 이유는 대운이 나쁘면 자기 노력의 50퍼센트밖에 효과가 나타나지 않기 때문이다. 또한 이때는 건강을 비롯하여 여러 가지 나쁜 결과가 그대로 나타난다고 보아도 된다.

반대로 대운이 좋고 연운(年運)이 나쁘면 나쁜 작용이 있는 둥 모르는 둥 적당히 넘어간다.

다시 간단하게 정리해 보면, 사주팔자에는 다음과 같은 여섯 가지 작용이 적나라하게 나타남을 알게 된다.
① 건강 문제
② 육친 관계
③ 성격과 주위의 환경
④ 사주의 용신(보호신)
⑤ 대운(10년마다 바뀌는 운)
⑥ 연운(올해)의 길흉 작용

명리학은 어떤 분야를 집중적으로 공부하여야 하는가?

① 간지체성론(干支體性論)

② 생극제화론(生剋制化論)

③ 육친(六親)에 대한 공부

④ 질병 관계

⑤ 직업 관계

⑥ 환경 관계

⑦ 계절의 감각에 대한 완벽한 지식

⑧ 격국(格局)과 용신(用神)

후배들로부터 종종 명리학(사주팔자)은 어떻게 공부해야 정확하게 감정할 수 있고 또 어떠한 것을 집중적으로 공부하여야 효과를 낼 수 있는가 하는 질문을 받는다.

나 자신은 아직 미천한 단계에 있지만 내가 아는 한도 내에서 공부한 경험을 토대로 이야기해 보겠다.

첫째로 간지체성론을 철저히 공부하여야 한다.

천간(天干)으로는 갑을병정무기경신임계(甲乙丙丁戊己庚申壬癸)의 10간이 있고, 지지(地支)로는 자축인묘진사오미신유술해(子丑寅卯辰巳午未申酉戌亥)의 12가지가 있다.

10간과 12지는 각각 독특한 성격을 가지고 있으며 전부 합해서 22개의 간지인데, 각각의 간지는 21개의 다른 간지와 만나면서 독특한 성격과 형태를 보인다.

지면의 제약으로 일일이 서술할 수는 없고 예를 들어 인목(寅木)에 대해 이야기해 보겠다.

인목은 대체로 아래와 같이 설명할 수 있다.

① 정월(正月)

② 입춘(立春)

③ 양목(陽木) : 천간(天干)의 갑목(甲木)과 동일하다.

④ 강목(剛木), 조목(燥木), 눈목(嫩木, 어린나무라는 뜻)이 있다.

⑤ 또한 인오술(寅午戌)이 합해서 화국(火局)이 되며 또한 화(火)의 장생궁(長生宮)으로써 폭발물(인화 물질)에도 해당된다.

⑥ 시간으로는 새벽 3시~5시에 해당된다.

⑦ 강심장에 해당되며 그릇으로 치면 큰 그릇에 해당된다.

⑧ 아무리 수(水)가 많아도 부목(浮木)이 되지 않으므로 착근(着

根)할 수 있다.

⑨ 목극토(木剋土), 목생화(木生火)도 잘한다.

⑩ 인(寅)은 범(虎)으로서 조화가 비상하다.

⑪ 또한 인정에 해당되고 촉각으로도 해당된다.

⑫ 신체적으로는 어깨, 뇌, 머리에 해당된다.

⑬ 색으로는 청색(靑色)에 해당된다.

⑭ 수치로는 3에 해당된다.

⑮ 만인에게 광명(光明)을 주며 따라서 인목 하나만 있어도 타인의 자문에 이상스럽게 많이 응한다.

⑯ 총칭 역마, 지살(地殺)에 해당된다.

⑰ 목(木)을 만나면 관왕(冠旺)으로 왕성해지고, 화(火)를 만나면 장생궁(長生宮) 역할을 하며, 토(土)를 만나면 토가 붕괴되고, 금(金)을 만나면 절지(絶地)로서 죽게 된다(아무리 강한 봄도 가을을 만나면 봄의 기운은 사라진다는 뜻이다). 수(水)를 만나면 병사궁(病死宮) 역할을 하게 된다.

⑱ 합국(合局)으로는

　인해(寅亥) = 육합(六合) = 목국(木局)

　인오술(寅午戌) = 삼합(三合) = 화국(火局)

　인묘진(寅卯辰) = 방합(方合) = 목국(木局)이 된다.

⑲ 충(沖), 형(形), 원진, 귀문관살로는

　인신(寅申) = 상충(相沖)

인사신(寅巳申) = 삼형살(三刑殺) = 무은지형(無恩之刑)

인유(寅酉) = 원진살(怨眞殺)

인미(寅未) = 귀문관살(鬼門關殺)

⑳ 대체로 이상은 크나 인정에 약하다고 볼 수 있다[일지(日支)에 있는 경우].

이상과 같이 인(寅) 하나만 약 20가지의 성격을 가지고 있다. 다음에는 인이 다른 지지(地支)를 만나면 일어나는 현상을 보자.

◆ 자(子)를 만날 때

· 수생목(水生木)이 되나 동목(凍木)이 되어 성장할 수 없고 음지(陰地)나무가 된다.

· 한밤중에는 보석도 빛이 나지 않는 것처럼 모든 것이 정지된다.

◆ 축(丑)을 만날 때

· 동목(凍木)이 되고 성장이 정지된다.

· 암장(暗藏)끼리 갑기합(甲己合) 병신합(丙辛合)이 된다.

· 간방(艮方)으로서 동북방(東北方)으로 같이 존재한다.

◆ 인(寅)을 만날 때

· 목기(木氣)는 왕성해지고, 인목(寅木)이 인목을 만나면 다다익선(多多益善)이 된다.

· 인(寅)만은 예외로 분열하지 않기 때문에 목(木)으로써 삼합

(三合)과 동일한 효력을 나타낸다.

◆ 묘목(卯木)을 만날 때

· 나쁜 친구를 만나지 않을까 걱정이다. 인묘합(寅卯合) = 목국(木局)도 되지만 동시에 도화(桃火) 끼가 발동하기 때문이다.

· 묘년(卯年)에는 나쁜 친구를 만나 한 방 얻어맞을 것이니 조심하라고 충고하고 싶다.

◆ 진토(辰土)를 만날 때

· 인진(寅辰) = 목국(木局) : 목국이 살찐다(굵어진다).

· 진년(辰年)이 되면 오천평(옛날 코미디언 이름)처럼 살이 찐다.

◆ 사(巳)를 만날 때

· 병사궁(病死宮), 형살(刑殺), 목분(木焚)은 목(木)이 타서 없어진다.

· 형살로는 수술수, 관재, 사고를 조심하도록 한다.

· 화기(火氣)가 폭발하니 가스 폭발로 인한 화재를 조심해야 한다.

· 형살이 걸렸으니 인마(人馬)를 살상할까 두렵다.

◆ 오(午)를 만날 때

· 인오(寅午)로서 화국(火局)이 되어 목분비회(木焚飛灰)이다. 목(木)이 타서 재가 되어 없어진다는 말이다.

· 암장으로 갑기합(甲己合)이 된다. 목(木)은 사라지고 화(火)만 남는다. 따라서 목이 당신(火)을 껴안고 있으면 죽어도 좋아하는

형상이다.

◆ 미(未)를 만날 때

· 목지고(木之庫)는 목(木)의 묘궁(墓宮)이 된다. 고목(枯木)은 늙은 나무이며 사람으로 치면 미년(未年)이 되면 갑자기 흰머리가 많이 나고 1년 동안에 많이 늙어 보인다. ·

◆ 신(申)을 만날 때

· 인신충(寅申冲)으로 파괴되고 또한 절지(絶地), 절목(折木)이 된다.

· 추절지목(秋節之木)으로서 낙엽이 지고 서리를 맞는다.

· 인(寅)이 남편이라면 남편이 서리를 맞는다(죽는다, 사업에 실패한다).

· 인(寅)이 돈이라면 돈에 서리를 맞는다. 돈이 돌지 않는다는 뜻이다.

◆ 유(酉)를 만날 때

· 절지(絶地), 금극목(金剋木)을 당하고 절목(折木)이 되며, 역시 추절지목으로서 낙엽이 떨어지고, 서리를 맞는 것에 해당된다.

◆ 술(戌)을 만날 때

· 인술합(寅戌合) = 화국(火局)으로서 목(木)이 아니라 화(火)로 변하게 된다.

◆ 해(亥)를 만날 때

· 인해합(寅亥合) = 목국(木局) = 육합(六合) = 부부 합(夫婦合)

으로서 제일 기뻐한다.

또한 인(寅)은 짐승으로 보면 호랑이에 해당되어 재앙을 물리치는 짐승에 해당하고, 눈목(嫩木)으로써 항상 어리게 보이며 나쁘게 말하면 철이 안 들었다고 볼 수 있다. 금(金) 일주에 있어서 인목(寅木)은 재(財, 아내 또는 여자)에 해당되는데 바람을 피우더라도 처녀 아니면 바람을 피우지 않는다.

인신충이 되면 어깨가 무겁거나 다치며 머리가 아프는 등 이상이 생긴다.

따라서 인은 크게 보면 목(木)이면서도 화(火)에 가깝고, 수목(水木) 응결이 되지 않아서 항상 착근할 수 있으므로 좋다.

이렇게 인목 하나만 가지고도 체성(體性)이 까다롭고 복잡하다. 이와 같이 각각의 22개 간지(干支)의 체성을 똑똑히 알아야 한다.

둘째로 생극제화론을 잘 알아야 한다.

생극제화론은 간단히 설명하면 죽고, 살고, 위해 주고, 꺾어 버리고 하는 등 무수한 변화의 이야기이다. 여기에 구체적인 실례를 들어 설명하겠다.

① 신왕관살반희(身旺官殺反喜)

일주(日主)가 강하면 고집이 대단하고 만용, 독주 또는 본인이 제일이라는 생각에서 발전이 아니라 퇴보하기 쉽다. 이러한 때에는 일주보다 강한 관살(官殺)을 대립시켜 일주와의 경쟁으로 분발케 하고 또 일주를 극제(剋制)로써 다스려 일주보다 똑똑한 자는 하시하처(何時何處)를 막론하고 항상 많이 있다는 것을 인식시켜 유익하게 함이 그 목적이다.

따라서 신왕한 경우에는 관살이 자극제로서, 나한테는 없어서는 안 될 귀물(貴物)로 작용하는 것이다.

예를 들면 미국은 소련이라는 적이 있었기에 발전할 수 있었다는 이야기와 일맥상통한다. 일주가 강하면 적은 나한테 적이 아니라 자극제로서 유익한 역할을 하게 되는 것이다.

② 다생반해(多生反害)

다생반해에서 생(生)은 인수(印綬)를 가리킨다. 인수는 나를 생하여 주므로 젖줄이고 원류가 되며 또 기본이요, 뿌리요, 보급로로서 수입이요 뿐만 아니라 어머니로서 없어서는 안 될 가장 중요한 자리에 있다. 그러나 인수가 너무 많아도 해가 된다는 뜻이다.

다시 말하면 자손에 대한 모정(母情)이 없어서는 안 되는 것이 사실이나 그 모정도 지나치면 오히려 자손의 성장과 자립에 해가 되는 것이 분명하며, 심하면 정신적인 불구자를 만들어 사랑하는 자손을 영원히 패몰시킬 수 있다는 것이다.

또 어머니의 치마폭이 너무 크면 어머니에 가리어 자손은 소멸되기 마련이고, 어머니 곁에서는 행복할 수 있지만 사회에 진출한

날부터 고생이 따르게 되어 있으니 원인은 어머니의 치마폭에 있고 종래는 그 의지력 때문에 패망한다는 철학을 얻게 된다. 즉 좋은 것도 많으면 나쁜 것으로 변한다는 간단한 이치이다.

③ 아생과다해(我生過多害)

아생자(我生者)라 함은 내가 생하는 상관(傷官), 식신(食神)을 말한다. 이 상관과 식신은 자손, 희생, 음덕, 지출, 기예, 지혜 등으로 없어서는 안 될 귀물(貴物)이긴 하나 모든 것이 상대적이기 때문에 길흉이 있기 마련이다.

따라서 일주(日主)인 나는 허약한데 자손이 많으면, 병약한 어머니가 많은 자손에 의하여 결국 패몰되고 만다.

희생 자체는 더할 나위 없이 좋은 것이 사실이나 본인이 허약하면 마음만 있지 행동으로 옮길 수 없으며, 음덕을 베푸는 것은 좋으나 나보다도 잘사는 사람에게 음덕을 베푸는 것은 오히려 우스운 꼴이 된다. 또 수입이 없는 곳에 지출이 과다하면 그 지출로 인하여 패망하게 되며, 생활의 지혜는 필요하나 일주가 허약하여 나의 것이 되지 못할 경우에는 해가 되는 법이다.

이 모두가 자기의 능력을 망각하고 행동하여 중화(中和)가 실도(失道)할 때의 결과가 어떠한 것인가를 가르쳐 주는 살아 있는 철학이라 하겠다.

④ 아극타강해(我剋他强害)

아극자(我剋者)라 함은 내가 극제(剋制)하는 것으로 재성(財星)을 말한다. 본래 내가 관리, 통제하기 때문에 승리하게 되어 있는데 내가 허약해 있고 극(剋)을 받는 상대가 나보다 강왕(强旺)하여 반격하면 내가 쫓겨나야 한다.

예를 들면 남편이 처를 다스려야 함이 원칙이나 처가 강하고 남편이 약하면 입장은 바뀔 수밖에 없으며 강왕한 처를 쫓아내려다 오히려 약한 남편이 쫓겨나게 된다.

또한 금전은 본래 인간이 관리하게 되어 있으나 내가 허약하면 돈에 의해 좌우되며 돈 때문에 비참한 입장으로 전락하고 만다.

그래서 옛날 원전에서는 이러한 현상을 다음과 같은 글로 표현했다.

見而不食 畵中之餠 견이불식 화중지병
보고도 못 먹는 그림 속의 떡이다.
(이유 : 내가 떡을 먹을 능력이 없기 때문이다)
客反爲主 主客顚倒 객반위주 주객전도
주인과 손님이 거꾸로 위치가 바뀌었다.
(이유 : 내가 손님보다 약하기 때문에 손님이 나의 위치를 빼앗았다)

⑤ 아강타생반희(我强他生反喜)

아강(我强)이라 함은 내가 강함을 말하고, 타생(他生)이라 함은 내가 생하는 상관, 식신을 말한다. 즉 내가 강할 때는 다른 사람을 도와주는 것이 너무 강한 나의 기운을 덜어 내는 의미에서 오히려 나한테 이롭다는 뜻이다.

내가 강하다 함은 강대국, 강자, 부자, 음덕, 희생인데 반해 약자라 함은 가난한 자, 약소국, 허약자 등으로 대비된다.

한마디로 요약하여 본다면 강대국은 약소국을 도와줌으로써 영원한 강자가 될 수 있고 부자는 가난한 자를 도와주어야 한껏 빛을 발할 수가 있다. 또 수입이 있는 곳에는 적당한 지출이 병행되어야 발전을 기약할 수 있고 건강한 모체는 자손을 출생시킴으로써 더욱 건강함을 유지할 수 있다.

이는 신왕자(身旺者)가 신왕할 때에 설기처(泄氣處)를 만나야 희생이 갱생(更生)으로 될 수 있다는 희생과 음덕의 철학이라 할 수 있겠다.

⑥ 아약극강해(我弱尅强害)

아약(我弱)은 내가 약하다는 뜻이고 극강(尅强)은 나를 극제하는 관살태왕(官殺太旺)을 말함이니, 정리하면 본래 내가 약한데 다시 나를 공격한다면 나한테 해가 된다는 뜻이다.

즉 약자는 강자에 의하여 빛을 잃게 되어 있으며 또 작은 것은 큰 것에 의하여 잠식당하고, 약소국은 강대국에 의해서 억압받으며, 가난한 자는 부자에 의해서 탈취만 당하는 것처럼 소수는 언제든지 다수에 의해 희생된다.

따라서 약자가 다시 관살(官殺)에 의해서 극제당하면 파멸된다는 간단한 진리가 명리학에서도 그대로 적용되는 것이다.

세 번째로, 육친에 대한 철저한 공부를 하여야 한다.

한마디로 말해 육친(六親)은 명리학의 기초가 될 뿐 아니라 사주팔자를 응용, 해석하는 데 아주 중요하다. 육친에 대한 철저한 대비가 없으면 통변력(通辯力)이 떨어지기 때문에 상대방을 설득하는 데 그만큼 애로가 따른다.

육친이라 함은 인수(印綬), 견겁(肩劫), 상식(傷食), 재성(財星) 그리고 관살(官殺)을 말한다. 인수에서부터 차례로 그 정의, 해설, 나타난 작용 등의 순서로 설명하기로 하자.

· 인수(印綬)

① 어머니
② 외가
③ 친정
④ 외숙, 이모
⑤ 귀인

⑥ 은인
⑦ 상사(上司) : 사회적으로
⑧ 선생님
⑨ 선생님과 교육은 직결되고 나를 생(生)함은 나를 가르치는 것과 같아 교육, 학문, 공부에도 해당한다.
⑩ 배우면 자연 수양이 되므로 수양에도 해당된다.
⑪ 또 배운다는 것은 연구요, 기획, 창조력과 통한다.
⑫ 어머님이 계신 곳은 고향이요 고국이라 고향, 고국에도 해당된다.
⑬ 어머니는 나를 감싸주고 예쁘게 하여 주니 화려함, 보호, 의류, 주택, 가구, 보석에도 해당된다.
⑭ 나를 도와주며 정신을 충만케 하여 매사에 자신을 갖게 하므로 원류요, 보급로로 통한다.
⑮ 때로는 인내심과 지구력, 의지력에도 해당한다.
⑯ 도움을 받으니 편안하게 되므로 무사안일(無事安逸)에도 해당한다.
⑰ 순박하나 명예를 우선하고 또한 수입에도 통한다.
⑱ 글과 문서에 해당하며 문서는 곧 보증하고도 통하니 보증에도 해당한다. 따라서 서적류, 대서, 타자, 증서, 보증, 계약서, 인장, 서책, 문방구, 문화, 언론, 방송, 문학, 문예, 학원, 정치, 통역, 번역 등에 해당한다.

⑲ 나에게 오는 것은 소식이요, 새로운 것이 되어 깨끗한 것에도 해당되고 또한 시작으로도 적용된다. 따라서 새집 짓고 수리하여 단장하는 데도 해당되고 회사의 설립, 확장 등에도 응용되고 있다.

· **견겁(肩劫)** : 나와 같은 자가 되어 형제, 자매, 친우, 동서, 동업자, 동창, 교우 등에 해당되고 때로는 경쟁자, 방해자 등으로 통한다.
 또 나와 같은 사람은 나의 힘을 배가시키므로 독주, 아만(我慢), 만용, 시기, 질투, 배신, 모략 등에도 해당되고 때로는 겁재(劫財)가 되니 탈재(奪財), 탈처(奪悽), 도실(盜失) 등에도 해당된다.

· **상식(傷食)** : 내가 생(生)하는 것이 자손(여자 기준)이요, 자손과 같은 사람 조카가 되며 또 자손은 나의 아래가 되므로 부하, 학생, 노복, 공원(工員), 종업원이다. 공구(工具)를 대신하기 때문에 기계로도 통한다.
 또 내가 생하는 것은 주는 것이 되어 지출, 희생, 포은(布恩), 인정에 해당되며, 또 나한테서 나가는 것이 되어 발표력, 추리력, 응용력, 예상력, 예지력, 재조(才操), 기예(기술과 예술)이다.
 내가 생하는 것은 키우는 것도 되니 육영에도 해당하고 언어로도 통한다. 뿐만 아니라 상식은 관살(官殺), 즉 법과 상관을 극(剋)하므로 위법 행위, 허세, 초조, 불안, 시비, 구설, 관재, 송사, 하극상,

비애, 타사(他事, 남의 일에 관여함) 등에 해당하고 있다.

· **재성(財星)** : 아극자(我剋者)로서 내가 다스리고 있는 자가 되어 가정적으로는 부친(父親, 자손에 밀림을 당함)이요, 부친과 같은 계열인 백부, 숙부, 고모에도 해당된다.

또 남자는 처가를 다스려야 하므로 처, 첩, 처와 같은 자, 처남, 처제, 처가 또는 애인에 해당한다. 여자 기준으로는 시모, 시가인데 부친이 됨은 남자와 같다.

환경 측면으로 내가 다스림은 곧 관리, 통솔, 극복, 개척, 타개, 정복에 해당한다. 관리하는 것은 금전으로 재산이요, 유산, 봉급, 재정, 경제, 사업, 음식물, 탐욕으로도 해당된다.

· **관살(官殺)** : 극아자(剋我者)로서 나를 다스리고 관제하며 괴롭히고 밀어내고 이기고 있기 때문에 가정으로는 부군이요(여자 입장) 시가이며 시형제가 된다. 때로는 정부(情夫)가 되며 남자 기준으로는 자손에 해당된다.

좋은 면으로 해석하면 정직하고 가정 교육이 잘되어 있으며, 따라서 모범적이고 준법정신이 좋고 수려하며, 책임감이 강하고 매사에 결과가 좋다. 또 직장, 벼슬, 명예, 권력, 상사, 대표자, 법률, 질서, 일복 등으로 응용된다.

반대로는 쟁투, 위협, 멸시, 수모, 누명, 마귀, 질병, 관재 등에 해당된다.

네 번째로, 질병에 관한 공부를 철저히 하여야 한다.

현대인의 대부분은 공기 오염 등 환경의 악화로 건강이 크게 나빠지고 있다. 인간은 태어나면서부터 구조적으로 나쁜 기관이 있고, 살아가면서 운세와 환경의 영향으로 나빠진 기관이 있다. 음양오행 공부를 철저히 하면 어느 쪽에 해당되는지를 확실히 구별해 낼 수 있다.

예를 들면 화(火)가 약하여 오는 병은 저혈압, 심장판막증, 협심증 등이 있고 화(火) 일주가 아니더라도 일주(日主)가 지나치게 허약하면 저혈압 증세가 있으며 화기(火氣)가 태왕(太旺)하면 고혈압, 심장 확장증, 울화병 증세가 있다. 여명(女命, 여자)의 경우에 심장판막증은 아기를 낳고 죽으며 남녀를 불문하고 지나친 비만은 성생활에 불만이 많을 뿐더러 심한 경우에는 이혼한다.

비만증은 화(火) 일주나 토(土) 일주에 화토(火土)가 태왕한 경우 해당된다. 다른 병도 사주팔자에는 자세히 나와 있으니 공부를 열심히 해서 본인 및 주위 사람의 건강을 지키는 데 많은 도움을 주기 바란다.

다섯 번째로, 직업에 관한 분류를 철저히 할 줄 알아야 한다.

여기서 사주상의 태왕한 것과 또는 용신에 해당하는 오행(木火

土金水)과 육친이 직업과 연관되어 있음을 밝혀 둔다. 목화토금수(木火土金水)와 육친(六親)에 해당되는 직업을 보자.

오행으로 본 직업 관계

· 목(木) : 교육, 의학, 문화 사업, 기예, 건축, 목공, 건자재, 분식(粉食), 이용(理容), 양장, 편물

· 화(火) : 유류(油類), 화학섬유, 언론, 교육, 전기, 전자, 항공, 과학기술, 미용원, 피혁업

· 토(土) : 농산물, 부동산, 소개업, 토건, 토산품, 종교, 철학

· 금(金) : 조선, 경공업, 중공업, 금은세공, 기술자, 광산, 철물

· 수(水) : 법관, 외교관, 무역업, 수산업, 호텔업, 야간 업소, 상하수도, 다방, 수영장, 해저 개발, 빙과류, 해운업

육친으로 본 직업 관계

· 인수 및 견겁 : 교육, 언론, 주택, 의류, 예술, 창고, 골동품, 종교, 보석

· 상식 : 교육, 육영사업, 학원, 종교, 기술, 예체능, 가공업, 투기업, 감독, 보모(고아원), 포주(抱主), 기생

· 재성 : 식품, 음식물, 경제, 재정, 세무사, 부동산, 일반 업체, 경리, 관리, 고리대금업, 투기, 밀수

· 관성 : 행정관, 일반 사무직, 별정직, 법관, 군인, 경찰, 형무관,

공무원, 임시 고용인

여섯 번째로, 일주의 주위 환경에 대한 분석 및 평가를 위한 공부를 해야 한다.

이는 주로 일주(日主, 자기 자신)와 월령(月令)에 대한 대비인데, 예를 들자면 아래와 같다.

① 인수가 월령에 있으면 학자 집안이거나 부모가 공부할 때 출생하였다.
② 재성이 있으면 사업가나 재정가의 집안이다.
③ 관성이 있으면 부모님이 공직 생활을 할 때 태어났다. 부모님이 엄하여 가정교육이 잘되어 있는 것까지는 좋으나 때로 환경에 너무나 제약을 받아 반항심이 생길까 염려되는 부분이 있다.
④ 견겁이 있으면 부모님 때 재산이 감소한다.
⑤ 상관이 있으면 아버지 대에 폐업한다.
⑥ 식신은 옷과 밥이 풍부하고 기예의 가문이다.

이러한 공부를 철저히 하여 그 사람이 자라 온 주위의 환경이 각 개인에게 미치는 영향을 다각도로 분석하면, 개인의 운명을 정확하게 판단하는 데 도움이 될 것이다.

일곱 번째로, 계절 감각에 대한 완벽한 지식을 갖추어야 한다.

사주 자체가 운기(運氣)의 작용이고 운기라고 하는 것은 계절의 바뀜을 의미하기 때문에, 월령에 나와 있는 계절의 독특한 체성을 이해하지 못한다면 사주 풀이는 전혀 손을 쓸 수가 없는 것이다.

가령 인(寅)은 1월을 이야기하는데, 학문상 화(火)의 장생궁(長生宮)이고 목(木)의 시작점으로 보아 따뜻함을 연상한다. 그러나 실질적으로는 입춘이 지나도 굉장히 춥고 날씨가 영하로 떨어지는 경우도 발생한다.

그러므로 월령에 있을 때는 따뜻한 쪽보다 추운 쪽을 연상하면 된다. 다만 연지(年支), 일지(日支), 시지(時支)에 있을 때는 의미가 다르다.

그 다음 신월(申月)은 금(金)의 당권 계절로, 학문적으로는 냉하며 서리에 해당하고 또 차디찬 쇳덩어리를 연상케 한다. 그러나 실질적으로 볼 때 양력으로는 8월 5일경에 해당하고 어떤 지방은 해수욕도 가능한 더운 계절이다. 따라서 보이지 않는 화(火)가 발생하고 있다고 보면 된다. 다만 백로(白露)를 2~3일 앞두고 있으면 그때는 화기가 완전히 거두어지기 때문에 가을로 취급해도 된다.

술월(戌月, 9월)에 대해서 이야기해 보자.

학문상으로는 화토(火土)가 왕성한 계절로 따뜻하게만 보나, 실질적으로는 전반기(15일까지)는 금(金)의 당권 계절로 금의 성격이 나타나고 후반기(15~30일)는 추운 겨울의 성격이 그대로 나타난다. 이렇게 월마다 그 달의 독특한 성격이 나타나기 때문에 이 부분을 잘못 이해하면 사주 공부가 전혀 발전하지 않는다.

나도 처음 공부할 때 계절 감각 때문에 아주 애를 먹었다. 학문상과 실제상의 차이를 명확히 구분해야 실질적인 운기의 작용을 체득할 수 있고 실질적이라야만 실전에서 쓸 수가 있기 때문이다.

학문상으로 이야기하는 득령(得令), 득지(得地), 득세(得勢)는 일주의 강약을 구별하는 하나의 방법이지 이것이 전부가 아니라는 것을 기억해 두기 바란다.

다시 이야기하지만 계절의 감각을 체득하지 못하면 사주 공부는 전혀 발전이 없다. 또한 용신을 잡는 데도 계절 감각이 열쇠를 쥐고 있다고 본다.

20년 이상 명리학을 공부했다는 사람들이 계절 감각을 익히지 못했기 때문에 결국 도중에 탈락하거나 아니면 엉터리라는 소리를 들을 수밖에 없는 것이다. 계절의 감각을 안다는 것은 사주 공부의 지름길이다.

임일주(壬日主), 계일주(癸日主)가 인월(寅月)에는 학문상으로는 실령(失令)이지만, 실질적으로는 득령이다.

왜냐하면 추운 계절이기 때문이다. 학문적인 것과 현실적인 것을 잘 구분할 줄 아는 사람은 사주 공부가 그만큼 수월해지는 것이다.

마지막으로 앞에서 이야기한 제반 사항을 기초로 해서 사주 공부의 꽃인 격국과 용신을 공부해야 한다.

격국(格局)은 일주와 월령을 대비하는 것인데 주로 부모님과 나와의 관계가 나타나 있다. 부모님은 낳으시고 나를 키워 주셨기 때문에 나의 성격 형성 및 환경 형성에 지대한 영향을 끼치고 있기 때문이다. 그리하여 각각 사주의 격국을 정하고(격국을 정하는 방법은 추후에 다시 기술하겠다) 다음에 용신(用神)을 잡을 줄 알면 사주 공부의 90퍼센트가 다 끝난다고들 이야기한다.

그만큼 용신 잡기가 어렵고 까다로운 것 같다. 그러나 내 견해로는 앞에서 지적한 일곱 가지 공부를 철저히 해서 기초가 튼튼하다면 별로 문제될 것이 없다고 본다. 앞서 지정한 사항이 중요하다는 뜻이다.

시중에서는 격국용신(格局用神), 조후용신(調候用神), 병약용신(病藥用神), 통관용신(通關用神), 억부용신(抑扶用神)으로 용신을 구별해서 잡는다. 내 생각에는 하나의 용신이 정해지면 그 용신이 격국용신, 조후용신, 병약용신, 통관용신, 억부용신으로서 용도를 다 가지고 있고 또한 이 다섯 종류의 용신으로써 역할을 설명할 수 있어야 한다.

예를 들면 용신을 목(木)으로 잡았는데 조후에는 해당되지만 다른 것에는 해당되지 않는 경우에는 용신을 잘못 잡은 것이나 마찬가지이다.

그러므로 용신은 격국, 조후, 병약, 통관, 억부로서의 역할을 다 설명할 수 있어야 하고 설명이 안되고 상반될 때는 용신을 잘못 잡았다는 것을 지적해 두고 싶다. 또한 용신을 정하는 데는 정하는 목적이 분명히 나와 있어야 한다. 목적만 분명히 이해한다면 통변하는 데도 별 문제가 없으리라고 본다.

나도 용신을 엉뚱하게 잡아서 통변하는 데 실수한 적이 있다. 두 달 후에 감정인에게 정중히 사과하고 잘못 잡은 방향을 정정해 준 일도 있다.

이와 같이 실력이 모자라서 통변을 잘못해 주는 경우가 있지만, 이와 반대로 학문적으로는 분명히 A라는 방향인데 실제 전개 상황은 B라는 방향인 경우가 있었다.

일반 사주는 착오 건수가 거의 없는데 가끔 종사주(從四柱)에서 문제가 발생되곤 한다. 분명히 학문적으로는 A의 방향인데 실질적인 전개 상황은 B의 방향으로 수정된 것으로 보인다.

수정된 이유는 몇 가지 있겠지만 크게 봐서는 인간이 알 수 없는 우주의 신비가 깃들어 있기 때문이다. 나에게 설명하라고 해도 설명할 자신이 없다. 암호 해독의 한계선이 아닌가 생각된다. 1천 명 감정한 중에서 두 건 정도가 발생된다고 보는데, 왜 그러한지는 나도 알지 못한다. 앞으로 정진해서 더욱 많은 암호를 해독하려고 노력하겠다.

명리학 공부는 어렵고
시간이 오래 걸린다고 하는데

　가끔 후배들이 "명리학에 통달하려면 10년이 걸립니까? 20년이 걸립니까?" 하고 질문을 한다. 개개인이 가지고 있는 기초 실력, 그리고 꾸준히 공부하는 인내력 등의 다양한 요소에 따라 조금씩 차이가 있으나 내 경험을 토대로 이야기하겠다.

　어느 정도 실력이 갖추어졌고 또한 꾸준히 공부하는 사람을 기준으로 할 때, 명리학을 공부한 뒤 5개월 정도 지나 맞든 맞지 않든 간에 용신을 잡아 통변을 할 정도로 자기 나름의 기준이 설정되면, 이 학문과 연(緣)이 있다고 봐야 할 것이다. 이때까지도 전혀 감을 잡지 못한다면 10년 공부해도 어렵지 않겠는가 하는 것이 나의 솔직한 견해이다.

　이 정도의 연이 있다면 이 연을 기반으로 해서 5년 정도는 하루에 10시간 이상 공부해야 완전히 명리학에 눈을 뜰 것 같다. 그러나 눈을 떴다고 해서 명리학 공부가 완성되는 것이 아니다. 이 학문 자체가 영원히 완성 단계를 향해서 가고 있는 것이기 때문이다.

어떤 역술인은 똑같이 미완성이기 때문에 미완성인 면에서는 같지 않느냐는 논리를 편다. 하지만 90점을 통과한 미완성과 아직 30점도 통과하지 못한 미완성은 보석과 쇳덩어리로 각각 비유할 수 있다.

보석 중에서도 에메랄드, 루비, 사파이어 등 여러 보석 가운데 어떤 보석이냐의 문제이고 쇳덩어리는 역시 쇳덩어리의 범주에 머무는 것이다.

따라서 첫째는 이 학문과의 연(緣)이 중요하고, 둘째는 얼마나 열심히 학문을 닦느냐 하는 본인의 노력이 중요하다. 이 두 가지 요소로 평가하는데 아무리 기초 실력이 튼튼하다고 하더라도 하루에 10시간 이상 5년 정도는 공부해야 세상에 내놓을 수 있는 보석이 되지 않을까 생각한다.

제왕절개로 낳은 아이의 사주팔자는?

　남아 선호 사상이 심화되면서 초음파로 성별을 감별하고 사내아이이면 낳고 여자아이면 지우는 한마디로 살인 행위를 저질러 놓고도 아무 양심의 가책도 없이 살아가는 도덕 불감증 시대에 우리는 살고 있다.

　현재 초등학교 한 학급의 남녀 학생 성비 비율은 점차 비슷해지고 있다고 하니 다행이라고 생각된다. 하지만 지금의 10대~30대 남녀는 성비 불균형으로 말미암아 결혼 짝짓기에 심각한 문제가 제기되고 있는 실정이다.

　이러한 모든 문제가 자연 이탈 현상으로, 그 대가는 우리 인간들이 고스란히 받을 수밖에 없다. 그 애지중지하는 아들이 커서는 결혼 상대가 없어서 쩔쩔매는 기이한 현상이 벌어지는 것이다.

　또한 악착같이 낳은 아들이 자기 마음대로 되지 않거나 불효할 때는 사랑이 극도의 미움으로 전환된다. 몇 년 전 아들이 아버지와 어머니를 살해한 사건을 우리는 기억하고 있다. 이래도 아들만을 고집할 것인가?

이제 본론으로 들어가 보자. 종종 이런 질문을 받는다. 제왕절개로 낳은 아이의 사주팔자는 어떻게 되느냐는 것이다.

첫째, 초음파로 감별한다고 해도 남녀 구분이 잘 안 되는 경우가 많다고 들었다. 남자와 여자는 대운의 운로(運路)가 정반대이기 때문에, 남자로 생각했는데 거꾸로 여자가 태어나면 모든 것이 생각과는 정반대로 진행된다.

둘째, 아기 낳을 예정 시간을 정해야 하는데 축시(丑時, 새벽 1시~3시 사이)로 정했다면 그 시간에 병원의 직원이 전부 출근해야 하는데 이것이 가능하겠는가 하는 문제이다.

셋째, 예를 들어 이번 주일이 분만 예정일인데, 이번 주일 자체가 전부 사주가 좋지 않은 경우가 있다. 이럴 때는 어떻게 할 도리가 없다.

넷째, 분만 날짜와 시간을 지정한 역술인이 어느 정도 실력이 있느냐라는 문제이다.

어느 부인이 나를 찾아와 모 역술인으로부터 분만 시간을 받아 아이를 낳았는데 생각보다 아이가 공부를 못한다고 하소연했다. 내가 사주를 감정해 본 결과 날짜와 시(時)를 엉터리로 잡아 주었던 것이다.

이렇게 분만하기까지의 과정이 쉽지 않다. 그러나 용케 날짜와 시간을 다 맞추었을 때는 어떻게 될 것인가?

사주와 대운의 운로를 다 맞추어 놓으면 그 아이는 그 사주의 운명대로 진행되리라고 보는 것이 나의 견해이다.

하지만 우주의 입장에서 볼 때는 인간이 억지로 프로그램을 방해한 꼴이 된다. 때문에 우선, 개복 수술을 해 준 의사·간호사 등 수술에 참여한 사람들 둘째, 그것을 부탁한 부모 및 용인한 가족들 셋째, 우주(하늘·하느님)의 암호를 방해하고 타락시킨 역술인 등 이 세 범주에 들어간 사람은 빠르면 당대에 혹은 늦어도 3대~4대 안에 엄청난 재앙이 쏟아지리라고 본다.

불가피해서 개복 수술을 했느냐 아니면 고의성이냐는 우주가 너무나 잘 알고 있다. 아들 출세시켜 보자고, 당대에 좀 잘살아 보자고 하는 발상이 후대에 엄청난 재앙을 뿌린다는 사실을 기억하기 바란다.

그리고 의사라면 생활이 안정되어 있고 그만하면 축복받은 인생인데, 무슨 돈이 더 필요해서 후대의 엄청난 재앙을 각오하면서까지 그런 어리석은 짓을 하려고 하는가? 제왕절개는 딸이면 지운다는 살인을 전제로 하기 때문이다.

대부분의 의사가 기독교를 믿는 사람이 많다고 보는데 하느님이 용서하겠는가? 또한 의사가 불교 신도인 사람 역시 부처님의 대자대비를 살인으로 바꾸어야 하는가?

인술(仁術)을 기본으로 하는 존경하는 의사 선생님들, 불가피한 경우를 제외하고는 살인 행위를 피하자. 마지막으로 역술인들에게 충고하고 싶다. 당신네들이 그 짓을 해서 어느 정도의 사례비를 받는지 몰라도 여러분은 하늘과 우주의 프로그램을 방해함으로써 받을 재앙을 생각해서라도 제왕절개 수술의 날짜 및 시간을 잡아 주는 일은 그만두기 바란다.

모든 일을 자연에 맡기자. 자연스럽게 가는 것이 가장 좋은 길이다. 그러고 나서 인간은 주어진 생애 내에서 최선을 다하는 것이다.

택일擇日과 가정의 행복

　내가 인생을 고민하면서 역학 공부를 시작한 지 20년의 세월이 흘렀다. 대학에서 영문학을 전공하고 대학원에서 경영학을 전공한 내가 역학을 인생의 마지막 직업으로 선택한 것은 어찌 보면 하늘의 뜻인 것 같다.
　나의 경험으로 볼 때 어느 때는 별로 힘들이지도 않았는데 사업이 불같이 일어나고, 어떤 때는 최선의 노력을 다하고 밤낮으로 뛰었는데도 사업이 부진하여 결국 부도가 나는 쓰라림도 맛보았다.
　이럴 때 나는 막연하게 인간의 운명을 움직이는 그 무엇이 작용한다고 느꼈다. 알 수 없는 그 무엇을 찾기 위해서 스승님을 모시고 명리학(命理學)을 열심히 공부한 결과 어느 날 갑자기 사주팔자(四柱八字)가 눈에 들어오기 시작했다. 이러한 사실이 나를 이 학문의 깊숙한 바닥까지 갈 수 있도록 배려해 준 하늘의 뜻이라고 생각한다.

나는 사주팔자란 우주가 인간에게 붙여 보내는 암호라고 생각한다. 이 비밀 속에는 첫째, '건강'에 관한 제반 문제가 기술되어 있다. 사주의 기초 구조를 원류하고 표현하는데, 원류란 처음 출발점이고 시작이란 뜻이다.

사주팔자를 통해 태어나면서부터 약한 기관을 치료해 주고, 지금 진행 중인 병을 치료한다면 모든 사람의 치료 효과가 빠르지 않을까 생각한다. 생년, 생월, 생일, 생시의 8자는 처음 태어나서 어디가 나쁘고, 현재는 어디가 안 좋은가를 정확하게 진단할 수 있는 암호이다.

둘째, 사주팔자 자체와 10년마다 바뀌는 대운을 분석하면 각자의 지금 마음의 상태를 알 수 있다. 어떤 사람은 마음이 느긋한 반면에 어떤 사람은 초초, 불안해하기도 한다. 이러한 대운에 의해서 마음의 상태도 편안함과 불안함으로 바뀌지는 것이다.

셋째는 부귀, 권력, 명예에 관한 상태가 자세히 나와 있다. 각자의 기본적인 사주와 10년마다 바뀌는 대운을 비교 분석하면 인간 세상의 흥망성쇠를 자세히 들여다 볼 수 있는 것이다. 요즈음은 옛날에 비하면 시대의 흐름이 빨라졌기 때문에 흥망성쇠 역시 속도가 빨라졌다.

사주팔자는 인간 생활의 전부라고 해도 과언이 아니다. 나는 원칙적으로 아이가 태어나는 데 있어서 자연분만을 권한다. 그렇다면 불가피하게 택일(擇日)해서 수술할 때는 어떻게 해야 할까?

나는 과거의 여러 책에서 불가피한 경우를 제외하고 '택일'을 하게 된다면 우주 질서를 방해하는 일이 되므로 절대로 해서는 안 된다고 기술한 바 있다.

나는 2000년도까지는 그 원칙을 고수해 왔다. 그러던 어느 날 아는 지인이 택일을 해 왔다며 감정을 해 달라고 사정하기에 할 수 없이 그 사주를 들여다보니, 사내아이인데 그대로 택일하면 6세에 죽는 운으로 나와 있었다. 그렇게 택일한 역술인의 무지가 얼마나 많은 죄를 짓겠는가 생각하니 소름이 끼쳤다.

그때부터 하늘의 뜻을 거역해서 그 죄는 내가 받더라도 한 사람이라도 좋은 운명을 만드는 것이 내가 할 수 있는 일이라고 생각하기 시작했다.

택일한다고 무조건 다 좋은 사주팔자로 태어나는 것은 아니다. 1년 중에 나보고 택일하라고 하면 좋은 날짜가 나올 수는 있다. 그러나 분만 예정일로부터 20일 전에 시작해서 10일 전까지 날짜를 선택하여야 하기 때문에 좋은 날이 있을 수도 있지만, 때로는 시간대가 맞지 않아서 저녁 9시 이후에 수술이 필요한 경우도 있다.

이러한 사실은 그 집안의 '운명'과도 연결되어 있다. 10일 사이의 날짜가 다 신통치 않은 경우도 있다. 이럴 때는 최소한 부모에게 불효하는 아이를 만들지 않는 것이 나의 목표이다.

개천에서 용이 나온다고 한다. 사주가 좋은 아이 하나만 태어나도 그 집안의 운이 다 바뀐다. 그만큼 그 아이가 태어난 날은 각자 집안의 운명과 직결되어 있다. 제대로 된 좋은 사주를 가진 아이가 태어난다면 그 아이의 운기(運氣)가 가족 전체의 운명에 좋은 영향을 끼친다. 그 이유는 가족 전체의 운을 바꿀 만한 큰 기력(氣力)이 운이 좋은 아이로부터 발생되기 때문이다.

  나는 현재도 자연분만을 권한다. 그것이 하늘이 뜻, 우주의 질서이기 때문이다. 그러나 꼭 제왕절개 수술을 해야 한다면 검증되어 틀림없는 역술인의 자문을 얻을 것을 권한다. 정확한 역술인의 선택이야말로 태아에게 부모가 해 줄 수 있는 결정적인 카드이기 때문이다.

궁합과 결혼

사주팔자를 믿든 믿지 않든 간에 아들딸을 결혼시킬 때는 거의 궁합을 물어보는 것이 상례이다. 그만큼 아들딸의 짝짓기는 인생에서 중요하기 때문이다.

유명한 종교인들도 자식들 결혼시킬 때는 본인의 의도이든 아니든 간에 측근들이 와서 물어보는 경우가 종종 있다. 또 신혼이 아닌 기존 부부도 제일 먼저 물어보는 것이 궁합에 관한 문제이다.

궁합이 맞다는 것은 한마디로 두 당사자 간에 기(氣)가 맞다는 뜻이다. 기가 맞다는 이야기는 서로 대화할 때 기분이 좋다는 이야기이다.

또한 기가 맞다는 것은 한쪽이 어떤 잘못을 했을 때 상대방의 잘못을 이해하고 감싸 주려고 하는 것이고, 두 기가 합해져서 한 기가 될 수 있다는 이야기이다.

기가 맞다고 해서 일생 동안 싸우지 않고 사이가 좋다고는 보지 않는다. 인생이란 때로는 싸우고 때로는 화해하면서 살아가는 것이다. 하지만 한마디로 말해서 일생 해로할 수 있다는 이야기이다. 60세가 지나서 사별한 경우도 일생 해로라 할 수 있겠다.

궁합이 맞지 않는 경우에는 어떻게 될까?

공부도 할 겸 젊은 남녀가 선을 보는 자리에 양가 부모들과 함께 동석한 일이 있었다. 양 당사자는 얼굴이 곱고 예의도 갖추고 있어서 객관적으로 나무랄 데가 없는 한 쌍이었다. 나는 두 당사자의 눈빛을 유심히 관찰하기 시작했다.

두 사람의 기가 만나 시간이 흐를수록 냉기가 흐르는 것을 알 수 있었다. 양쪽 부모는 두 사람의 분위기를 부드럽게 만들기 위해 무척이나 애쓰고 있었다. 그랬지만 30분쯤 지나자 신부 후보가 약속이 있어서 먼저 가 봐야 하겠다며 일어서는 것이었다. 양쪽 부모는 당황하면서 서로 미안해했다. 이로써 양쪽의 모임은 싱겁게 끝났다.

운이 좋고 나쁘고는 두 번째 문제이고 우선 서로의 기가 맞느냐 맞지 않느냐가 아주 중요하다.

몇 년 전에 한 아주머니가 찾아와서 자기의 딸과 신랑 후보의 사주를 내놓으면서 궁합을 봐 달라고 했다. 궁합을 보니 궁합은 맞았다. 궁합이 맞다고 하자 그러면 결혼시켜도 되느냐고 물었다.

나는 안 된다고 말씀드렸다. 그 아주머니가 이상한 표정을 지으면서 왜 그러느냐고 묻기에 나는 아주머니에게 "따님의 허리가 아주 안 좋지요?" 하고 물었다. 아주머니는 그렇다고 대답했다.

"허리가 안 좋으면 정상적인 부부 생활을 할 수 없습니다. 따님은 한 번 관계를 하면 3일 정도 드러누워야 합니다. 이런 상태라면 신랑은 바람을 피울 거고(신랑은 육체가 건강하고 아주 왕성한 사주를 가지고 있기 때문에) 가정이 안정이 되지 않습니다. 한 1년 정도 허리를 집중적으로 치료한 다음 결혼시키시죠."

내 말에 아주머니도 수긍이 가는지 동의하였다. 그 두 사람은 결국 결혼하게 됐는데 인연이 있긴 있었는가 보다.

악연이든 길연이든 연은 연이다. 이 궁합은 부부간에만 적용되는 것이 아니고 사장과 종업원, 과장과 부하 직원, 교수와 학생, 부모와 자식, 형제 사이, 조카와 삼촌 사이 등 이 세상의 모든 관계에 적용된다.

어느 사장이 자기는 집보다 사장실에 앉아 있는 것이 그렇게 마음이 안정되고 편하다고 말한 적이 있다. 나는 비서실 직원들의 사주를 다 가져오게 해서 사장의 사주와 비교해 보았다. 다섯 명의 비서가 공교롭게도 사장과 궁합이 맞았다. 반면에 가족 중에서 아내와는 궁합이 맞는데 아들 둘, 딸 하나와 궁합이 맞지 않았다. 당연히 그렇게 될 수밖에 없는 실정을 이해할 수 있었다.

또 이런 경우도 있다. 부부가 궁합이 맞지 않았다. 그런데도 그 부부는 사이 좋게 잘살았다. 이유를 살펴보니 이들은 주말 부부였다. 일주일에 한 번씩 만나는 부부였던 것이다. 남편은 전주의 모 대학교수이고 부인은 서울에서 아이들과 생활하고 있었다. 아무리 사이가 나쁜 부부라도 안 보면 보고 싶은 것이 인간의 정이다. 그들은 6일을 양보함으로써 위기를 잘 넘기고 있었다.

인간 생활의 살아가는 이치는 이토록 오묘하다.

성명姓名은 영원한 부적이다

세상에 태어나면 누구든지 이름을 짓는다. 듣기에 부드러운 이름이 있는가 하면 딱딱하고 어색한 이름도 있다. 이름은 일생 동안 그 사람을 따라다니는 꼬리표다.

또한 죽은 다음에도 자손에 의해 계속 불린다. 이와 같은 이름은 그 사람의 이미지메이킹에 결정적으로 중요한 역할을 한다. 가령 '떡쇠'하면 순진하고 착하며 동시에 의리가 있는 건강한 체구의 남자를 연상하게 된다.

모든 사람에게 좋은 이름이 있으면 좋은데 불행하게도 누구에게나 일률적으로 좋은 이름은 없다.

남덕(南德)이라는 이름이 A한테는 좋지만 B한테는 좋지 않다. 그 이유는 누구나 개개인의 일생을 지배하는 사주상의 용신(用神)이 있기 때문이다. 이름이 용신을 생부(生扶, 도와주고 협조해 준다)해 주면 좋지만 해를 끼친다면 그 이름은 일생 동안 그 사람을 괴롭히는 역할을 하고 만다.

따라서 사주에 완벽한 지식이 없는 사람이 이름을 짓는 것은 굉장히 위험한 일이다.

예를 들면 자신에게 목기(木氣)가 필요한 사람은 이름에서 목기가 발산되면 도움을 받지만, 목기가 기신(忌神, 해를 끼치는 역할)인 경우 목기가 들어간 이름은 그 사람의 건강, 행운 등을 망치게 하는 데 일조하게 된다.

신생아를 낳으면 아버지나 할아버지가 자손이 귀여운 나머지 이름을 지어 주곤 하는데 이러한 예비 지식 없이 이름을 짓는 것은 자손을 돕는 게 아니라 대부분 망치는 어처구니없는 결과를 가져온다.

이름을 지으려면 일곱 가지 조건이 필요하다.

첫째, 사주상의 용신을 알아야 한다.

용신(수호신)을 모르고 이름을 짓는다는 것, 즉 용신에 대비하지 않는 것은 방향을 모르고 산에 오르는 이치와 똑같다. 산에 오르면서 방향 등산로를 모르면 얼마나 위험하겠는가? 사주상의 용신을 모르고 이름을 짓는 것은 위험한 일이니 자손들을 위해서도 함부로 이름 짓기를 삼가해야 한다.

이렇게 용신을 정하고 나면 용신을 도와주는 쪽으로 이름을 정한다.

둘째, 자형(字形) 음양 배합을 해야 한다.

음과 양이 균형 있게 배치되어야 한다. 음만 있을 때는 모든 것이 내성적이고 어둡고 약한 상태가 된다. 거꾸로 양만 있을 때는 너무나 밝고 강하고 외향적이고 급해서 자기 통제력을 잃기 때문에 재앙이 일어난다. 그러므로 일차적으로 자형이 음양 조화를 이루어야 한다.

셋째, 음령(音靈) 오행이 맞아야 한다.

어떤 소리든지 간에 목화토금수 다섯 가지 가운데 한 가지 음에 해당된다. 이 소리의 음도 사주상의 용신을 도와주어야 한다.

누구든지 이름을 부를 때 거기에 해당되는 기(氣)가 그 사람의 뇌리에 전달되며 동시에 해당되는 기가 그 사람의 몸속에 파장을 일으키며 축적된다.

그 사람한테 좋은 기라면 도움을 주지만 해로운 기라면 이름을 부를 때마다 해로운 기가 그 사람의 몸에 축적됨으로써 엄청난 부작용이 일어난다.

넷째, 어원으로 본 음양오행이 있다.

예를 들면 남(南)은 그 어원이 화(火)이다. 또한 덕(德)도 그 어원이 화에서 왔다. 따라서 남덕(南德)이라는 이름은 화(火)가 필요한 이름이라는 것을 곧 알 수 있다.

대(大)는 그 근원이 목(木)이고, 단(丹)은 화(火)이고, 농(農)은 토(土)이며, 상(尙)은 금(金)이고, 음(飮)은 수(水)이다. 이런 식으로 한자는 전부 그 근원이 있다. 이처럼 사주상의 용신을 도와주는 근원을 가진 글자를 써 주는 것이 필요하다.

다섯째, 자획(字劃)의 총 수가 가지고 있는 의미와 맞추어야 한다.

대부분 성과 이름을 합해서 세 자인데, 이름 두 자를 합한 것을 원격(元格)이라 해서 1세~15세까지의 운을 말해 준다.

이름의 첫 자와 성(性)을 합한 것은 형격(形格)이라고 하는데 15세부터 35세까지의 운을 성과 이름의 끝자를 합해서 이격(利格)이라 하며 36세부터 50세까지의 운을 말해 준다. 그리고 성과 이름을 합한 총수를 정격(貞格)이라 하는데, 이는 말년까지의 운수를 보여 준다.

획수로 본 길흉은 그 고유한 숫자가 가지고 있는 뜻을 참조해서 정하면 된다.

여섯째, 그 글자의 뜻이 좋아야 한다.

예를 들어 대(大)에는 ① 크다 ② 길다는 뜻이 들어 있고 ③ 존칭에 해당된다. 그러니까 대도(大道)라 하면 큰길이라는 뜻으로, 다시 해석하면 잔재주를 부리지 않고 정정당당하고 떳떳하게 한 점의 부끄러움도 없이 행한다는 뜻이다. 글자의 뜻이 좋아야 함은 당연하다.

마지막으로, 지금까지 서술한 여섯 가지 조건을 다 충족하면서 듣기에 어색하지 않아야 한다.

예컨대 여자의 이름이 김자지(金慈志)라면 남자의 상징과 발음이 같게 돼서 남의 비웃음거리가 된다. 또한 김 씨 성을 가진 사람 이름이 김치국(金治國)이라 하면 뜻은 훌륭하지만 발음 때문에 남의 놀림감이 된다.

나는 상대방의 아호나 이름을 짓고 나서 7일 이상 주위 사람들에게 불러 보도록 하고 있다. 어색하지 않다고 인정하면 그때 가서야 이름이나 호(號)를 확정한다.

이와 같이 한 사람의 호나 이름을 지을 때는 대단히 어렵고 복잡한 단계를 거쳐야 한다.

시중에는 획수만 가지고 이름을 짓는 사람들이 있다. 예를 들어 김영삼(金泳三)과 김일성(金日成)의 총획수는 19획이다. 19획은 '실의유망(失意流亡)'을 뜻하는 나쁜 수이지만 두 분 다 오랫동안 운수가 좋았던 것으로 보아, 획수가 차지하는 비중이 어느 정도인가를 짐작할 수 있다.

작명(作名)을 훌륭하게 하려면 끝이 없지만 수준급으로 하려면 적어도 한자 2천 자 정도는 자유자재로 구사할 수 있어야 한다.

또한 『오행한자전(五行漢字典)』의 옥편(玉篇)을 찾아보면 어느 정도 난해한 것도 해석할 수 있다. 어느 사람은 1만 자 이상을 알아야 된다는 사람도 있는데, 알면 좋지만 전문 한학자 외에는 그렇게 많이 알지 않아도 된다고 본다.

문제는 사주에 대한 정확하고 냉철한 관찰력이다. 이름을 짓는 기초 실력은 10일 정도 수업을 받으면 되지만 사주에 대한 실력은 그렇게 간단치 않아서 문제가 된다. 사주 공부는 작명을 하기 위한 필수 과정이다.

  핵심은 사주 지식이 얼마나 완벽해서 용신과 대비할 수 있느냐 하는 점이다.

태과^{太過}와 불급^{不及}은 개위질^{皆爲疾}이라
– 육친(六親)을 중심으로 –

　태과불급개위질(太過不及皆爲疾)을 간단히 풀어서 해석하면 '정도를 넘어서서 많거나 아니면 부족한 것은 모두 병이 된다'는 뜻이다. 이것은 명리학의 기초 이론이다. 명리학은 이 일곱 자로부터 시작하고 이 일곱 자가 핵심이다. 이는 명리학뿐만 아니라 모든 인간사에 적용된다고 볼 수 있다.

　우선 명리학에 적용된 것부터 살펴보기로 하자. 명리학에서는 다자무자(多者無者)라는 말이 많이 나온다. 많이 있다는 것은 없는 것과 같다는 뜻이다. 극(極)과 극(極)은 통한다는 이야기이다. 명리학에서 중도(中道)나 중화(中和), 조화(調和), 조후(調候)를 얼마나 중요시하고 강조하는지를 알 수 있다.

　첫째로 모든 가족 간 인간관계에 있어서 인수는 부모님이요, 공부요, 가정이요, 귀인이요, 새집을 사는 것이요, 좋은 소식이요, 윗 사람에게 사랑받는 등 이루 헤아릴 수 없는 좋은 작용을 갖고 있다. 그래서 옛날 책에는 자신지기(資身之基)라고 해서 자기 몸을 지탱하는 기초라고 표현했다.

이렇게 좋은 작용을 하고 인간 생활의 기초가 되는 것도 너무 많으면 여러 가지 부작용이 생긴다.

쓸데없는 아집에 매사를 본인 위주로 처리하고, 안일 무사에 타인을 무시하고, 이론이 앞서고 학업이 부진하니 이름하여 외화내곤(外華內困, 밖은 화려하나 속은 썩었다) 즉 빛 좋은 개살구로써 기예(技藝)에 흐를까 염려된다. 또 모친(인수)이 강왕하여 가권을 좌우하며 어머니 마음에 드는 신부가 없어 아들의 결혼이 늦고, 모처불합(母妻不合, 어머니와 처가 사이가 나쁘다)에 어머니의 지시로 종내는 부부 이별이요, 아들은 치마폭에 싸여 마마보이가 된다.

두 번째로 견겁(나 자신, 형제, 친구를 가리킴)도 나의 몸이 약하거나 위치가 약할 때는 나에게 도움이 되고, 나의 의지처가 되며 나의 생활의 기반이 된다.

그러나 이것이 많아서 중화를 실도(失道)하면 만용에 독주하며 협동심이 부족하고 매사에 의심부터 한다. 처세가 원만치 못하여 타인들에게 경원(敬遠)되기 쉽고 인덕이라고는 조금도 없으며 시기와 질투가 많다. 배신하고 배신당하며 가는 곳마다 경쟁자요, 하는 일이 방해받으니 종래는 폭력 아닌 폭력으로 발산하게 된다.

위로는 부모를 꺾고 형제 덕도 없으며, 친구는 많으나 술친구에 불과하며 친구 관계가 좋지 않아 패망하며, 아래로 자손은 물론 수하(手下)의 덕도 없다. 탈재(奪財, 재물 복이 없음을 말함), 실물(失物) 등이 발생하며 아내의 잔질에 본처와 해로하지 못하니 어찌 가정인들 평안할 수가 있겠는가.

세 번째로는 상식(여자 입장에서 본 자식)이 잘 이루어져 있으면, 수입과 지출이 평행선을 유지하고 학식과 덕망이 있으며 후중(厚重)하고 인정이 많으며 지혜 있고 영리하다. 추리력, 예지력, 응용력, 상상력, 표현력 등도 탁월하다. 뿐만 아니라 부하를 사랑하며 음덕을 베풀고 목전의 이익보다는 원대한 꿈을 가지고 한 발 한 발 전진하는데, 이때의 목적은 육영사업에 있다. 언제나 약자 편에서 본인을 희생하는 것이 특징이기도 하다.

또 사장과 박사를 만드는 기계라고나 할까? 모두 이 사람을 거쳐 가면 박사나 사장으로 군림하게 되니, 본인보다 제자가 출세하는 한마디로 우주의 복을 받은 사람이라 할 수 있다. 따라서 옛날 원서에서는 상식을 수성원(壽星元)이라 하여 목숨을 이어 가는 기초라고 표현하고 있다.

그렇게 좋은 상식(傷食)도 태왕(太旺)하면 허세를 부리고, 말을 함부로 하며 농담이 심하고 타인을 무시하게 된다. 더불어 남의 걱정에 늙어 가고, 죽도록 노력해도 그 공(功)은 타인에게 돌아간다. 한마디로 말해 악질이며 타인을 물고 늘어지고, 공부 머리는 발달하지 못했으나 남을 속이는 머리는 발달했고, 무슨 일이든 꼭 대가를 바라고 너무 많은 약속을 남발해서 지키지 못한다. 여자인 경우 남편 모르게 연하의 정부(情夫)에게 정을 주면서 살고 있고, 어떤 경우에는 남편이 불쌍해서 살아 주는 경우도 있다.

이와 같이 조화와 부조화는 엄청난 차이가 있는 것이다.

네 번째로 재성(財星)인데 남자한테는 처와 가정, 재산 등을 말하고, 여자한테는 시어머니, 시가에 해당된다. 재성이 균형을 잘 이루고 있으면 쉽게 돈을 벌고, 실패했다 해도 곧 재기하며 두뇌와 지혜가 모두 돈이 된다. 또 돈 버는 데는 타인보다 한 수 빠르며 원대한 계획이 실현되므로 선각자의 역할을 하고 만인의 존경을 받게 된다.

옛날 원서에서는 재성을 양명지원(養命之源)이라 하여 처나 재산으로 내 자신을 키워가는 근본이라 하였다.

이렇게 좋은 재성도 태왕하여 나쁘게 작용하면 욕심이 앞서 되는 일이 하나도 없다. 어릴 때 부모가 일찍 돌아가시고 대체로 서출에 해당되며, 아내가 본인에게는 악처, 공처(恐妻, 공포스러운 아내)가 되고 이복형제가 있다(실관해 보니 70퍼센트 이상).

본인은 사기꾼이며 돈에 대한 인력(引力)이 너무 강하고 이중성격이며, 아버지와는 사이가 안 좋고, 어릴 때 남의 눈칫밥을 먹게 되고 도박을 즐기며 결국은 아내의 신세를 져야 하는 비참한 경지까지 떨어지게 된다.

또한 이런 사람들은 평소 몸이 약할지라도 육체적으로 여자를 만족시켜 주는 데는 천부적인 소질을 타고났으니, 소위 말하는 제비족이 여기에 해당하지 않을까 생각한다.

마지막으로 관성(官星, 남자로 보면 관록·자손·직장에 해당하고 여자로 보면 남편에 해당된다)에 대해 이야기하겠다. 관성이 균형을 유지하고 있으면, 관직, 명예, 직장, 권력 등이 남보다 좋으며, 장차관 등 고위직까지 승진한다. 또한 남자는 자식이 잘되며 여자는 남편한테 사랑을 받고 남편을 출세시키는 역할을 한다. 남녀 불문하고 직장이 안정되며 웃어른의 사랑을 가득 받는다.

옛날 원서에서는 부신지본(扶身之本)이라 하여 자기 몸을 지탱하는 기본이라 표현하였다.

그러나 관성이 태왕하면 남녀 불문하고 직장의 변화가 너무 많아 허송세월하며 형편이 조금 좋아지면 몸이 아프고 재앙이 따르며 꿈에 여러 가지 나쁜 현상이 나타나 식은땀이 난다.

여자는 현부(賢夫)가 없는데 잘못하면 아이를 낳고 살다가도 정부(情夫)와 도망을 하고, 노상 의심받고 살며, 결국은 인생행로 지형천리(人生行路 枳荊千里)가 된다. 인생 살아가는 것이 가시밭길을 걸어가는 것과 같아 살이 찢기고 피가 난다는 뜻이다. 이런 사주는 남편에게 매 맞고 살며, 몸이 안 아픈 데가 없이 아픈 것이 특징이다.

반복해 말하지만 균형과 불균형에는 이토록 엄청난 차이가 있다.

1. 사주와 운명

처음으로 돌아가서 불급(不及)도 병이라 했다. 불급은 모자람을 말한다.

우리가 과식을 계속하면 살이 찌고 배설기관에 부담을 줌으로써 신장, 방광에 이상이 오고 자고 나면 몸이 붓는 현상이 나타난다. 일정량 이상을 계속 먹으면 음식은 우리 몸을 돕는 한계를 넘어서서 독으로 변하고 말기 때문이다.

그 반대로 너무 가난해서 먹지 못하면 영양 공급이 충분치 못해 건강을 해치게 된다. 이런 식으로 비유해서 보면 대충 이해가 가리라고 본다.

중화(中和)를 실도(失道)하면 얼마나 무서운 결과가 오는지 알 수 있다.

우리가 숨 쉬는 공기가
우리의 운명을 좌우한다

공기 속에는 목화토금수(木火土金水)의 다섯 기(氣)가 존재하는데 어느 해에는 목기(木氣)가 그 이듬해에는 화기(火氣)가, 이런 식으로 자체 방식에 의해서 회전된다.

이렇게 변화된 기가 각자의 사주 안에 들어 있는 기와 부딪치며 더 좋은 작용도 할 수 있고 더 나쁜 작용도 할 수 있다

예를 들자면 2007년 정해년(丁亥年), 2008년 무자년(戊子年)은 금수(金水)가 지배하는 해였다. 몸에 금수가 많아서 문제가 될 때에는 그렇잖아도 금수 때문에 고생인데 재차 금수가 들어와서 몸을 망친다. 금(金)으로 인해서 금극목(金剋木)을 당하면 간이나 담이 나빠지고, 수(水)로 인해서 수극화(水剋火)를 당하면 심장, 시력, 혈압이 나빠진다. 동시에 견겁(肩劫)이 들어와서 겁재(劫財), 탈재(奪財) 등이 발생하며 또한 금(金) 일주라면 상식 운이 나쁘게

작용함으로써 관직에 있는 사람은 좌천된다(아랫사람 잘못으로). 상식이 관을 극함으로써 여자인 경우는 남편과 불편한 관계가 조성된다고 봐야 한다. 그러나 금수가 필요한 사람인 경우에는(금수가 용신인 사람) 모든 일이 쉽게 풀리며 경우에 따라서는 10년 동안 병석에 누워 있던 사람이 씻은 듯이 낫는 그런 기분을 맛본다고 할 수 있다.

이렇게 사주는 건강 및 인생의 행로에 결정적인 영향을 미친다. 여러 사람을 상담해 본 결과 1992년, 1993년에 금수(金水)가 기신(忌神)으로 나쁜 영향을 끼친 경우인 사람은 내리 2년 동안 타격을 받아 부도, 파산 등을 겪은 것으로 안다.

날씨에도 영향을 미친다. 임신년(壬申年), 계유년(癸酉年)에는 냉습(冷濕)이 지배하여 여름에도 그렇게 덥지 않아 해수욕장, 수영장 영업이 재미없었음을 우리는 기억하고 있다. 그러나 1994년 갑술년(甲戌年)에는 화토(火土)가 지배하여 평균 기온이 30도 이상 올라간 것을 볼 수 있었다.

이러한 예상치를 가지고 우리의 실생활 및 최첨단 과학에 응용한다면 엄청난 변화와 발전이 올 것은 자명한 일이라 하겠다. 대기권에서 살고 있는 한 누구든지 사주팔자를 벗어날 수 없다. 반드시 그 작용은 나타난다.

소부소귀小富小貴는 인간의 노력으로 가능하다

나는 누차 우리가 사주팔자의 영향권 안에 있다고 말해 왔다. 사주가 나쁜 사람이 노력을 많이 해서 대부대귀(大富大貴)가 된다는 것은 불가능하다. 누구든지 노력을 많이 하면 장차관까지 올라갈 수 있다는 이야기가 아니다.

인내와 겸손을 몸으로 체득하고 감사하는 마음으로 끝없이 노력을 기울인 사람만이 결국은 하늘도 감동시켜 어느 정도의 경제력과 편안함을 유지하는 것을 실관을 통해 소수의 몇 사람한테서 발견할 수 있었을 뿐이다. 이를 가리켜 인간의 노력으로 소부소귀(小富小貴)는 가능하다고 말한 것이다.

항상 하느님에게 감사하는 마음으로, 부처님에게 감사하는 마음으로, 조상에게 감사하는 마음으로 살아가는 그들을 볼 때 우주의 조화는 무궁무진하다고 느꼈다.

우주는 겸손하고 부지런하고 인내할 줄 알고 착한 사람에게는 반드시 응답한다.

사주팔자는 외상을 사절한다

모든 것이 잘 풀리는 때, 세월이 좋은 경우는 사람들이 무심코 넘어가는 경우가 많다. 왜냐하면 사람들은 행복할 때는 행복하다고 느끼지 못하고 으레 그럴 수 있다고 생각들을 하기 때문이다. 그러나 운이 나쁠 때는 본인 생각 이상으로 흉(凶)한 작용이 일어나므로 심신의 타격을 받는 경우를 많이 본다.

평소에 잘 아는 모 사장과 1996년에 상담을 해 보니 1996년, 1997년은 특별히 주의해야 한다는 결과가 나왔다. 그는 잘 알겠다고 하고 돌아갔다. 이 두 해는 대운과 연운이 다같이 안 좋아 그 사람한테 아주 나쁜 해이기 때문에 은근히 걱정이 되었다.

그런데 그가 1997년 8월에 다시 찾아와서는 이렇게 돈도 잘 벌고 몸도 건강하다며 "남덕 선생은 괜한 소리만 한다"고 하면서 웃었다. 나는 '아직 1997년(1998년 입춘 전까지)이 다 가지 않았으니 그렇게 장담할 것이 못 된다'고만 얘기했다.

　그로부터 세 달 뒤인 1997년 11월 중순경 부인으로부터 갑자기 울음 섞인 급한 전화가 걸려왔다. 그가 친구들과 술을 마시고 집으로 돌아오던 중 헛발을 내딛어 4미터 언덕으로 떨어지는 바람에 갈비뼈 네 개가 부러지고 뇌에 이상이 와서 혼수상태에 빠졌다는 이야기였다.

　1996년과 1997년의 불행을 나누어서 가져야 하는데 그렇지 못했기 때문에 한꺼번에 그 대가를 치러야 했던 것이다. 결국 5개월이나 병상 생활을 하다가 퇴원할 수 있었다. 나는 운기(運氣)의 무서운 작용을 보고 놀라지 않을 수 없었다. 우주와 신(神)은 한 치의 오차도 없이 거대한 작업을 진행한다는 것을 알고 새삼 두려운 마음만 앞설 뿐이었다. 무서운 우주의 조화이다.

운이 나쁠 때는 마음을 비워라

여러 사람으로부터 받게 되는 질문이 "운이 나쁠 때는 어떻게 해야 하느냐"는 말이다. 나 자신도 운이 나쁠때 당황하는 것은 보통 사람과 똑같다. 운이 나쁘다는 것은 누구한테나 치명적이다. 옆에서 볼 때는 그까짓 것 용기를 내라, 신념을 가져라 하지만 막상 당하면 그렇지 못하고 절망하는 것이 누구나 당하는 사람의 심정이다.

한마디로 말해서 운이 나쁠 때는 마음을 비우는 수밖에 없다. 왜냐하면 욕심을 내면 낼수록 심신이 피곤하기 때문이다. 편안하게 살려면 그만치 고통이 따른다. 완전히 마음을 비우면 그 무엇도 겁나지 않는다.

그리고 자기가 어떻게 하면 이 어려운 사태를 돌파할 수 있을까 하는 방법도 똑똑히 보인다. 욕심으로 가득 차 있을 때는 그만큼 욕심이 가로막고 있어서 왜곡된 시선으로밖에 세상이 보이지 않는다.

이럴 때는 모두가 섭섭하고 야속하게만 느껴진다. 가장 가까운 남편과 아내 사이도 마찬가지이다. 마음을 비우면 그렇게 편안해진다. 편안해지면 일단 건강이 좋은 쪽으로 돌아선다.

건강만 유지된다면 다시 좋은 운이 왔을 때 재기할 수가 있다. 또한 마음을 비우면 상대방이 나의 마음속으로 들어올 수 있다. 비어 있으니까 누구든지 들어올 수가 있는 것이다.

이는 누구든지 용서가 가능하다는 말로도 해석할 수 있다. 마음을 비워야만 나쁜 운을 견디고 넘어갈 수 있다. 이것만이 유일한 해결책이다.

자기가 경영하는 사업에 실패한 경우, 자기는 최선을 다했는데도 뭔가 잘 안되는 경우에는 억울하다든지 불공평하다든지 남을 미워하는 생각과 함께 시기와 질투가 가슴에 가득 차게 된다. 따라서 시기와 질투라는 렌즈를 통해서 세상을 보기 때문에 시기심, 질투심, 하늘을 원망하는 감정 외에는 아무것도 보이지 않게 된다.

인생에 실패했을 때는 시기와 질투를 가슴속에서 추방하고 마음을 완전히 비워야만 상대방이 내 가슴속으로 들어올 수가 있다. 다른 사람이 내 가슴속으로 들어와야만 화합과 대화의 장이 열린다.

성경에서도 〈마음이 가난한 자는 천국이 저의 것이요〉라는 말로 표현하고 있다. 마음이 가난하다는 것은 마음을 비운다는 뜻이다.

그렇지만 실상 말로만이 아니라 실제로 마음을 비우는 일은 굉장히 어렵다. 하지만 그것만이 내가 재생할 수 있는 길이라고 보면 의외로 쉽게 마음의 문이 열리고 마음을 비울 수 있게 된다.

마음을 비우면 모든 것이 평화롭고 따뜻하게 내 마음속에 들어오기 시작한다. 그리고 감사한 마음이 가슴속에 자리 잡게 된다. 이렇게 살아서 숨 쉬고 있는 것 자체가 하나의 즐거움이요, 축복이 된다.

지금까지 나의 극도의 이기심으로 가득 채워졌던 가슴이 희생과 봉사의 즐거움을 만끽하는 환희의 상태로 돌변하게 된다. 이러한 상태가 될 때 자연히 자기가 가야 할 방향이 훤히 보이기 시작한다.

이와 같은 상황이 조성될 때 자기가 걸어왔던 길을 냉정하게 반성해야 한다. 사업에 실패했다면 내가 과연 사업을 할 수 있는 그릇인가 아닌가 하는 것을 냉정하게 생각하여야 한다. 사업과 맞지 않다면 과감히 다른 길을 선택해야 한다. 망설이는 것은 시간 낭비일 뿐이다.

나한테도 이와 관련하여 많은 사람들이 상담을 의뢰해 온다.

사업 관계로 오는 사람을 중심으로 이야기를 한다면, 우선적으로 사주가 좋지 않고 운이 없는 사람에게는 직장 생활을 계속하거나 기술을 배울 것을 권한다.

직장에서는 기업 총수의 운과 함께 여러 사람의 운이 같이 돌아가기 때문에 웬만한 운은 묻혀서 돌아간다. 직장에서 부단히 노력하고 겸손의 미덕으로 생활함으로써 나쁜 운도 무난히 넘기는 경우를 많이 보아 오고 있다.

두 번째는 사업을 할 수 있는 그릇일 경우이다. 이런 사람은 1년이나 2년 정도 고생하면 재기할 수 있으므로 최선을 다해 이 어려운 때를 넘기라고 권하고 있다. 지금의 어려운 일은 후일의 대성(大成)을 위해 커다란 자극제가 되기 때문이다.

세 번째는 사업을 할 수 있는 그릇이긴 하나 대운에서 5년 이상 기다려야 하는 경우이다. 이때도 역시 직장 생활을 할 것을 권한다. 너무 고생을 많이 해서 심신이 피곤해짐과 동시에 주위의 여건이 극도로 나빠지면 진짜 운이 왔을 때 그 운을 자기 것으로 만드는 데 많은 방해 요소가 되기 때문이다.

마지막으로 6개월 후쯤 부도가 날 사람들의 경우이다. 보통 회사에 출근하면 외국 바이어와의 연락, 경영의 문제점 점검, 향후 회사의 진로 등에 대해서 중역 등과 상의하는 것이 원칙이다. 그러나 이런 사람들의 회사에서는 우선적으로 돌아오는 수표를 막아야 하기 때문에 중역들이 전부 돈 빌리는 일에 투입되게 된다. 매일 오후 4시가 되어서야 겨우 은행에 돌아오는 돈을 막는 악순환이 계속된다.

이런 회사의 경우 예를 들어 12월에 부도날 것이 거의 확실하다면 그보다 6개월 이전인 6월에 미리 부도를 낼 것을 권유한다(물론 운과 대비해서 사주의 감정이 끝난 뒤의 이야기이다). 그 이유를 이제부터 설명하겠다.

우선 미리 부도를 내면 6개월 내지 1년이 지난 후에 발생하는 부도 액수를 반으로 줄일 수 있다. 가령 지금 부도를 내면 10억으로 끝날 수 있지만 6개월이나 1년이 지나면 20억 정도가 될 것이다. 고리의 사채가 다시 사채를 불러들이기 때문이다.

10억 부도를 낼 것을 20억 부도를 낸다면 그만큼 사회에 더 많은 해를 끼치는 결과가 된다. 사회에 더 많은 죄를 짓는다는 이야기이다.

다음으로 미리 부도를 내면(부도 예정일보다 6개월 앞당기면) 월세방이라도 얻을 돈이 남아 있지만, 더 버티다 부도가 나면 집안 식구는 공중분해될 것이기 때문이다. 일차적으로는 기업인의 사회적인 책임이 크지만 가장의 책임도 이것 못지않게 중요하다고 생각한다.

이런 이유들 때문에 어차피 부도가 날 상황이라면 미련을 갖지 말고 빨리 내는 것이 사회나 가정을 위해서 더 바람직한 일이라고 생각된다.

다시 한 번 강조하거니와 마음을 비워야 앞이 보인다. 역학자에게 와서 상담할 때도 마음을 비워야 모든 것을 긍정적으로 받아들일 수 있다. 마음을 비우면 앞이 보일 뿐만 아니라 재생의 길도 멀리 있지 않다는 것을 확신한다.

명예·권력·부를 쫓는 종교인

　스님, 목사, 신부 등 종교인은 남에게 봉사하기 위하여 태어난 사람들이다. 스님은 부처님의 대자대비하심을 몸소 실천함으로써 사회에 이바지하고 목사나 신부는 골고다의 언덕에서 죽어 가며 "아버지여 저들을 용서하소서"라고 한 예수님의 사랑을 실천함으로써 사회에 봉사하게 된다.
　대자대비나 사랑은 자기 희생 없이는 불가능하다. 남을 위해서 봉사한다는 것은 자기의 희생, 자기 가족의 희생 위에서 성립된다. 그것은 엄청난 고통을 수반하며 동시에 철저하게 자기 만족을 버려야 하는 고행의 과정이다. 한 나라가 부패하는 데는 종교인의 책임이 크다. 그들이 올바른 자세를 견지하는 사회는 한마디로 밝은 사회라고 볼 수 있다.
　스님이 스님답게 살지 못하고 명예와 부를 탐하면 그것은 궤도 이탈이기 때문에 엄청난 비극을 감당해야 한다.

요즈음 호화스러운 사찰을 개인적으로 소유하며 비싼 차를 타고 다니는 스님들, 텔레비전에 출연하기 좋아하는 스님들, 박사 학위가 10개 이상 되는 스님들, 명리학을 알지도 못하면서 민중들을 오도(誤導)하는 스님들, 자기의 선행을 계속 매스컴을 통해 알림으로써 신도를 확보하려고 노력하는 스님들, 『반야심경(般若心經)』에 나오는 글들이 무슨 뜻인 줄도 모르고 그저 암송만 하는 스님들이 많다. 명예, 권력, 부는 종교인들을 부패시키는 독약이다.

스님들이 열반 후에 부처님을 뵙고 무슨 이야기를 하겠는가? 스님으로 선택되었다는 것은 부처님의 각별한 사랑이 있었다는 이야기이다. 따라서 궤도 이탈은 부처님의 사랑을 배신하는 행위이다.

또한 요즘은 엄청나게 외형적 팽창을 한 교회와 성당들이 많다. 부자가 천국에 가는 것은 낙타가 바늘 구멍으로 들어가는 것보다 더 어렵다고 성경은 기록하고 있다. 이 대목은 상징적으로 해석되어야 하겠지만, 간단히 말해서 권력, 부, 명예를 좋아하는 목사나 신부들은 하느님과는 거리가 멀다는 뜻이다.

얼마 전에 어느 목사님 댁에 초대를 받은 일이 있다. 들어가 보니 호화판 저택이었다. 이런 집에 살면서 일요일은 신도들에게 교회 재정이 어려우니 더 많은 헌금을 내 달라고 할 수 있겠는가?

스님, 목사, 신부는 정신적으로 이 사회 상부구조를 형성하고 있다. 이 상부구조가 건실하지 못하고 무너지면 하부구조는 그대로 무너진다.

그러므로 어떤 나라든지 그 나라 정신 상태의 이상 유무를 알고 싶다면 성직자들의 생활 상태, 그들의 사고방식 등을 확인해 보면 바로 알 수 있다.

성직자들이 궤도를 이탈하면 하부구조는 그대로 궤도를 이탈하게 된다. 한마디로 그 사회는 정신적으로 타락하고 만다.

한날한시에 태어난 사람은 운명이 같다는데?

한날한시에 태어나면 같은 운명을 갖느냐는 질문을 종종 받기에 이번 기회에 나의 경험을 바탕으로 솔직한 이야기를 하고 싶다.

남녀 합해서 사주에는 약 112만 개의 경우가 생기는데, 나는 그것을 약 60개의 케이스로 분류해서 정라하고 있다. 물론 한날한시에 태어난 사람은 같은 범주 내에 들어간다.

예를 들어 A라는 범주가 교육가이거나 아니면 직장 생활에 맞는 패턴이라면, 교육자나 직장 생활을 하면 자기 궤도를 달리기 때문에 무난하게 사회 생활을 영위할 수 있다. 대운과 비교해서 좋고 나쁘고는 별도의 이야기이다.

이러한 A의 범주에 들어가는 사람 중에 한 사람은 착실하게 직장 생활을 해서 행복하게 잘살고 있고, 또 한 사람은 자기의 적성과 맞지 않는 사업을 시작해서 실패하게 된다.

맞지 않는 길을 가는 경우에는 본인의 실패에서 끝나는 것이 아니라 형제들, 친구들, 처갓집, 외갓집 등 주위에 다 피해를 입히고 결과적으로 본인도 만신창이가 되고 만다.

그렇다면 두 사람은 한날한시에 태어났어도 운명의 그래프는 정반대로 그려지는 것이다.

쉬운 말로 표현해서 기차는 선로 위에 있을 때 힘차게 달릴 수 있지 궤도를 벗어나면 수많은 사람을 안전하게 운송하는 역할을 못하고 오히려 수많은 사람의 목숨을 빼앗는 흉기로 돌변한다.

누구든지 자기의 그릇을 알고 그릇대로만 살면 행복할 수 있다. 문제는 무리한 욕심 때문에 궤도 이탈을 하게 된다는 데 있다. 이때 자기가 잘못해서 그렇게 된 줄도 모르고 주위를 원망하고 환경을 저주하며 하늘을 보고 한탄한다. 그렇다면 어떻게 자기의 그릇을 알 수 있는가? 단언컨대 사주를 통하는 방법 외에는 없다.

몇 년 전에 은행에서 한 10년 근무하다 사업을 시작했다는 분이 감정하러 온 일이 있다. 불행하게도 대운이 좋지 못했다. 이 사람은 은행에서 착실하게 근무했다면 크게 출세는 못하더라도 무난한 생활을 영위할 수 있는 사람이었다.

그는 사업에 실패한 것도 실패한 것이지만 건강이 크게 나빠져 있었다. 젊은 나이에 풍(風)을 맞았다고 하니 한 개인으로 봐서 얼마나 불행한 일인가?

한날한시에 태어난 사람 중에 한 사람은 전문대학 교수이고 한 사람은 고등학교 선생인 경우를 보았는데, 생활 형편은 오히려 고등학교 선생이 더 좋은 것 같았다.

요컨대 자기 궤도만 달릴 수 있다면 또한 인내와 겸손의 미덕으로 꾸준히 자기 수정을 거듭한다면 최소한의 행복은 보장받을 수 있다.

이런 질문도 종종 받는다. 정주영 씨나 조중훈 씨는 재벌 사주라고 하던데 그 시간대에 태어난 사람은 다 재벌이 되어야 하지 않느냐는 것이다. 물론 재벌도 있고 관계로 진출해서 일국의 예산을 좌지우지하는 경우도 보았다.

그런데 나의 실관 경험으로 보면 이렇게 좋은 시간대에 태어나는 사람은 보통의 경우보다 10퍼센트 이하라는 사실이다. 그것은 우주의 조화이기 때문에 우매한 나로서는 잘 알지 못하겠다. 반대로 나쁜 시간대에는 많은 수의 사람이 태어난다.

좋은 사주가 형성되는 시간대에 많은 신생아가 태어난다면, 그 나라의 장래는 엄청나게 밝다는 것이 확실하다.

우리나라도 5·16 군사정변 이후에 좋은 사주가 많음을 실관을 통해 보아 왔다. 5·16 군사정변이 1961년에 발생했는데, 그 이듬해인 1962년 이후로 15년 정도, 햇수로 계산하면 대략 1977년까지 태어난 사람들 중에 좋은 사주가 많음을 실관을 통해서 경험하고 있다.

이 사람들이 회사의 사장, 회장, 그리고 학계에서는 대학교수, 정계에서는 국회의원, 관계에서는 국장 이상의 자리를 차지할 때, 우리나라도 지금의 모습과는 판이하게 다른 좋은 나라가 되지 않을까 생각한다.

남의 돈 벌어 주러 나온 팔자

이 세상 사람들 중에 95퍼센트는 남의 돈 벌어 주러 나온 팔자이고, 나머지 5퍼센트만이 자기 돈을 벌기 위해 이 세상에 나온 팔자이다.

따라서 남의 돈 벌어 주러 나온 사람이 자기 돈을 벌겠다고 하면, 궤도 이탈도 되지만 또한 고유의 기능 이탈이 되므로 역할 분담이 깨지고 만다.

역할 분담이 깨지면 한마디로 혼란이 온다. 자기 자신한테도 혼란이 오겠지만, 전체적으로 균형이 깨지기 때문에 사회 전체에 혼란이 생긴다.

사업을 하기 위해서는 사업할 수 있는 그릇이냐 아니냐가 아주 중요하며, 사업할 수 있는 그릇이 되더라도 대운의 협조를 받을 수 있어야 비로소 사업을 해도 좋다고 본다.

예를 든다면 경영학을 전공하는 대학교수가 어느 기업체에 좋은 자문을 해서 그 기업체가 많은 돈을 벌었다. 그러자 대학 교수는 여러 가지 생각에 잠겼다.

'내가 저 사업가보다 머리가 나쁜가? 아니면 얼굴이 그만큼 못생겼나? 나도 경제적으로 도움받을 수 있는 사람이 주위에 여럿 있지 않나?' 하고 주관적인 평가를 하게 된다.

그래서 대학교수도 사업을 시작했는데 모든 것이 계산대로 잘 진행되지 않았다. 주위에서 경제적으로 도와주던 사람들도 사업이 잘 안된다는 소문이 퍼지자 경제적인 지원을 꺼리게 되었다.

모든 일이 순행(順行)이 아니라 역행(逆行)하기 시작한 것이다. 대학교수는 세상의 이치가 계산대로 진행되지 않는다는 것을 깨달았다. 자기한테 자문받은 사람은 다 훌륭한 사장이 됐는데 막상 경영 원리를 제공한 당사자는 사업이 뜻대로 안되는 것이다.

그제서야 대학교수는 자기는 사장이나 회장을 만드는 기계이지, 사장이나 회장과는 거리가 멀다고 느끼게 되었다. 그런 후 대학으로 돌아가려고 하니 이미 자기 자리는 후배가 차지해서 더 이상 자기 자리도 없었다. 5년간 심한 고생을 한 끝에 자기가 있던 대학보다 수준이 떨어지는 대학의 시간강사 자리를 얻을 수 있었다.

'궤도 이탈이 이렇게 무서운 것인가' 하고 새삼 느꼈다던 그 대학교수의 모습이 눈에 선하다.

사업을 하려면 재물이 사주에 어느 정도 자리 잡고 있고, 대운이

20년 이상 좋아야 한다. 처음 시작 5년은 기초를 닦고, 이후 5년은 현상 유지를 해야 하며, 나머지 10년 동안 사업에 성공하게 된다. 그 다음의 대운이 나쁘면 주위의 여러 가지 여건을 고려해서 대책을 세우면 되리라고 본다.

다른 직업도 마찬가지이다. 관리로 성공한 사람 중에 사업해서 성공한 사람은 드물다. 관리로 성공했다 함은 간단히 말해서 준법정신이 뛰어나다는 것을 말해 준다. 법을 잘 지키고 책임감이 강하며 순리대로 사는 사람이라고 단정할 수 있다.

그러나 사업가는 이런 사람과는 스타일이 다르다. 사업가는 최소한의 수준에서만 법을 지키며 편법으로 자기 편한 대로 살아간다.

예를 들면 일정한 테두리를 벗어나 무(無)에서 유(有)를 창조하려 하고, 남의 수중에 있는 돈이라도 머리를 잘 쓰면 내 돈이 될 수 있다는 기본적인 생각을 갖고 있으며 뜻이 웅대하여 돈을 모으는 방법이 범인(凡人)은 상상조차 하기 힘들고 어느 경우든지 본인이 타인을 관리, 통제, 정복하려는 강한 의지력이 잠재되어 있다.

이런 사람은 '나에게는 불가능이 없다'는 나폴레옹식의 사고방식을 갖고 있다. 어린아이들이 자주 쓰는 말로 '내 돈이 내 돈이고 네 돈도 내 돈이다'라는 사고방식이 기본적이다. 사업가의 그릇과 사고방식은 다른 직업의 그릇 및 사고방식과는 다른 차원이다.

학(學)과 관(官)은 어떤 경우에는 서로 맞바꿀 수 있다. 관리로 성공한 사람이 말년에 대학 강단에 설 수도 있고 대학에서 명성을 떨쳤던 대학교수가 장차관으로 등용될 수도 있다.

그러나 사업가로의 변신은 재운(財運)이 아주 좋은 경우를 제외하고는 드물다. 얼마 전에도 왕년에 국방장관을 지낸 유명한 장군이 말년에 사업이 안돼서 부도가 났다는 기사를 신문에서 읽은 적이 있다.

이렇게 궤도 이탈을 하면 사업 실패로 경제적인 어려움에 처하게 됨은 물론이요, 자기가 일생 동안 쌓아 왔던 소중한 명예마저 무너지고 만다. 그만큼 인간의 그릇이라는 것은 중요하다. 인간의 그릇을 결정하는 것은 사주팔자밖에 없다. 세상 일은 억지로 진행되지 않는다.

따라서 아이가 태어나면 그 아이의 그릇을 빨리 알아서 거기에 맞게 대비하여야 한다. 아이의 소질을 살려 주면 아이도 신이 나서 할 것이고, 아이가 신이 나니 부모도 즐거울 수밖에 없다.

예체능에 소질이 있는 아이를 조기교육이다 뭐다 해서 영어, 수학을 가르치면 다른 아이보다 성적도 오르지 않고 아이는 아이대로 피곤해하며 지치더라는 이야기이다.

어떤 아이는 텔레비전에서 야구 경기를 할 때 마치 자신이 타자인 양 열심히 소리를 지르며 즐거워하고, 가수가 노래를 부를 때는 그 가수보다 더한 율동을 하며 신이 나서 뛰어다닌다.

부모는 걱정이 되니까 자식을 윽박지르며 제발 공부 좀 히리고 타이르지만 아이의 귀에는 귀찮은 소리로밖에 들리지 않는다. 그러다 보면 아이는 점점 부모가 고마운 존재가 아니라 자기를 방해하고 감시하는 적으로 느끼게 된다. 이런 상황에서 그 가정에 평화가 오기는 어렵다. 모든 면에서 궤도 이탈은 무서운 결과를 가져온다.

아기를 낳을 예정인 부모들은 이러한 점을 참조하여 획일적이고 일방통행적인 교육에만 매달리지 말고, 각자의 체질과 고유한 성격을 관찰해서 훌륭한 아이로 키워 주기 바란다. 아이가 사업을 할 수 있는 그릇이라면 어릴 때부터 사업의 철학, 경영의 철학, 아랫사람을 따뜻하게 어루만져 주는 사업가의 그릇을 만들어 주는 것이 그 아이를 위한 올바른 교육이라 하겠다.

대운이 좋아야 한다

 대운(大運)은 10년마다 바뀌는 우주의 입력 암호(크게 바뀐다는 뜻)이며 대운이 좋다는 것은 하늘(우주)의 지원을 받는다는 뜻이다.

 내가 명리학 공부를 하기 전에 어느 역술인을 찾았을 때 그 다음 해부터 대운이 온다고 해서 굉장히 기뻐한 적이 있다. 지금 생각하면 웃음이 나온다.

 반복해 말하지만 사람은 누구나 10년마다 자신의 운이 바뀐다. 10년마다 바뀌는 운이 그 사람을 10년 동안 지배한다는 뜻이다. 간단히 해석하여 대운이 좋으면 노력의 150퍼센트만큼 결과가 나오고 대운이 나쁘면 노력의 50퍼센트만 반영된다.

 여기에 옛 원전의 일부를 소개한다.

귀천(貴賤)은 실계(實係)
수정호(雖定乎) 격국(格局)이나
궁통(窮通)은 실계(實係) 호운도(乎運途)니
소위(所謂) 명호(命好)라도 불여운호(不如運乎)라

귀천이나 부귀는 실지로는
격국에서 정하여져 있다 하나
길하고 흉한 것은 실제로는 운로(運路)에 달려 있으니
이른바 사주가 좋다 하나 대운이 좋은 것만은 못하다.

※ 여기서 운로는 대운(大運)과 연운(年運)을 이야기한다.

『적천수(滴天髓)』의 「세운론(歲運論)」에 나와 있는 글이다. 아무리 사주가 좋고 잘 짜여 있더라도 대운이 좋지 못하면 좋은 결과가 나오지 못한다는 뜻이다. 쉬운 말로 표현하면 태어날 때는 벤츠를 타고 나왔는데 가는 길(대운)이 좋지 못해 차 바퀴가 펑크가 나고 부서져서 고통스럽다는 뜻이다.

이와 반대로 모닝이나 마티즈를 타고 태어났는데 앞에 펼쳐진 길이 고속도로와 연결되어서 힘차게 달릴 수 있다면 빠른 시간 안에 자기 목표를 달성할 수 있다.

대운이라 함은 본명(本命)에 대하여 절대적인 영향력을 행사하는 것을 말한다. 비유하여 본명 사주가 선천적이라면 대운은 후천

적이다. 차로 말하자면 대운은 그 차만이 갈 수 있는 전용 도로인 셈이다. 본명이 모든 것의 준비 과정이라면 대운은 결실임과 동시에 시절, 즉 때와 같기에 이 둘은 밀접한 관계로서 떨어질려야 떨어질 수가 없으며 대운을 모르고는 정확한 추명(推命)을 기할 수 없다.

고로 본명이 아무리 좋아도 대운이 나쁘면 안되고, 본명이 너무 부실하면(사주 자체가 원체 안 좋으면) 대운이 좀 좋다 하여도 소용이 없다 하겠다.

운의 영향에 따라 어제의 평민이 오늘의 장관이 될 수 있으며, 어제 빈한한 자가 오늘은 거부로 군림하고, 어제의 장관이 오늘은 낙향하기도 한다. 또 어제의 부자가 오늘은 부도를 내고 도망가는 신세로 전락하니 모든 것이 운의 작용에 의하여 희비가 엇갈리는 것이며 잘 나가기도 하고 못 나가기도 하는 것이다.

옛날 중국 삼국 시대의 맹장 항우도 "이 싸움은 내가 잘못하여 지는 것이 아니라 나의 운이 나로 하여금 패장이 되게 하였기에 나는 이 전쟁에서 지노라" 하며 칼을 놓았다고 한다.

이와 같이 대운이 본명에 미치는 영향은 형용할 수 없도록 지대하며 좋든 싫든 간에 피하려야 피할 수 없는 숙명과도 같다. 그리하니 명리학을 공부하는 사람은 대운과 용신과의 관계를 대비하는 공부를 게을리해서는 안 될 것이다.

이 대운을 잘 연구하면 과거사는 물론이고 현새의 당면 과제까지 눈에 들어오며, 현시점에서의 방향 전환이 어떻게 될 것이며 앞으로 어떠한 태도를 취해야 하는가가 거울 들여다보듯 보이게 된다. 나아가서는 몇십 년 아니 몇백 년 후의 미래사와 후손에 관한 것까지 알 수 있는 학문이 바로 대운이요, 명리학이라는 사실을 새삼 깨닫게 될 것이다.

전체적으로 보면 대운이 차지하는 영향력이 전체 운의 60퍼센트에 해당하므로 대운은 10년간을, 연운은 1년간을, 월운은 1개월을, 일운은 하루를, 시운은 2시간을 주기로 하여 지배하고 교체하면서 순환하고 있다.

그러니까 본명 사주의 미비점이 대운에서 완전히 중화(中和)되어 연월 운의 구애 없이 발전할 수도 있고, 때로는 연운과 대운을 합해야 비로소 중화를 이룰 수 있기도 하다. 때로는 어떠한 운을 만나든 중화를 이루지 못하여 평생 빛 한 번 보지 못하고 고생만 하다가 가 버리는 사주도 있으니 운이라 함은 제2의 인생을 창조하는 중요한 역할을 하고 있는 것이다.

삼재(三才) 원리로 대비하여 말하면 사주는 천(天)으로서 시기요, 대운은 지(地)로서 장소이며, 연운은 인(人)으로서 노력이다. 따라서 인간이 발전하는 데는 세 가지 가운데 어느 하나라도 빠지면 성공할 수 없으니 세상 살아가기란 그래서 쉽고도 어려운가 보다.

운이 나쁠 때는 모든 상황이 역행한다

운이 나쁠 때는 자기의 생각과는 정반대로 모든 일이 풀리지 않으니, 생각대로 모든 일이 잘 진행되리라 믿지 말고 본인이 일일이 점검 확인해야 한다.

운이 나쁠 때는 쓸데없는 지출이 많아지고, 믿었던 부하나 주위 사람들이 등을 돌리며, 말 한마디 잘못한 것이 화근이 되어 큰 손해를 보게 되며, 직장 다니는 사람은 직장에 권태가 나서 사표를 내게 된다. 아내는 까닭 없이 남편이 미워 보이고, 세상이 서글퍼 보이며, 쓸데없는 고집을 부림으로써 많은 손해를 보게 된다.

때로는 내 것 주고 병신되고, 내가 파 놓은 함정에 내가 빠지며, 초조 불안하면서 위법 행위를 저지르게 되고, 계산이 앞서기 때문에 앞으로는 남는 듯 보이나 뒤로는 밑지며, 한 푼 벌기 위해 열 푼을 투자한다.

가정적으로는 처와 자식이 말을 안 듣고 어머니와 처가 별것 아닌 일로 신경전을 벌이며, 자꾸 남하고 다투게 되며, 구설이 생기고 관재 송사가 발생하며, 모략과 누명을 쓰게 되고, 건강이 나빠지면서 재수가 없게 된다.

또한 죽도록 노력해도 보람이 없이 공(功)은 다른 사람에게 돌아가니 본인은 고립되고 외롭다. 이렇게 운이 나쁠 때 승진하면 나무 위에 올려 놓고 흔드는 격이니 나무에서 떨어지거나 떨어지는 시늉이라도 해야 한다. 안 떨어지려고 하다가 억지로 떨어지면 뇌진탕을 일으켜 즉사하기 때문이다.

이렇게 나쁜 일들이 유년(流年)의 작용으로 1년~2년 작용할 때는 본인의 의지력과 인내력으로 버틸 수 있지만, 10년이나 20년 계속될 때는 누구든지 견디지 못하고 무너진다.

따라서 이토록 운이 나쁠 때는 쓸데없는 고집을 버리고 인내와 겸손의 미덕을 가지고 수양하는 자세로 임해야 어려운 고비를 무난히 넘길 수 있다.

나는 왜 이렇게 인덕이 없습니까?

나는 외국, 특히 일본 쪽에서 사주를 봐 달라는 국제전화를 가끔 받곤 한다. 주로 재일교포들이 대부분을 차지한다.

얼마 전에는 일본 나고야에서 사주 일곱 개를 불러 주며 감정을 해 달라고 했다.

그중 하나가 35세 되는 부인이었는데 우선 자라 온 환경, 형성된 성격, 건강 면에서 타고날 때 나쁜 장부(臟腑)를 설명하고 지금 현재는 어느 기관이 안 좋으니 조심하라고 말해 주었다. 그런 후, 태어나서부터 지금까지의 운세를 10년 기준으로 설명했다.

그랬더니 이 부인이 갑자기 펑펑 울기 시작하는 것이었다. 그러면서 "선생님, 저는 왜 이렇게 인덕(人德)이 없습니까?" 하고 울먹였다. 나는 차분하게 설명했다.

"세상에 덕(德) 있는 사람은 하나도 없습니다. 나도 덕이 없고,

당신도 덕이 없고, 이 나라를 통치하고 있는 대통령에게도 물어보십시오. 인덕이 있는지. 대통령 역시 인덕이 없다고 대답할 것입니다. '그렇게 많은 사람들을 도와주고 국가를 위해서 헌신했는데 나는 왜 이리 덕이 없을까' 하고 대통령도 무슨 일이 잘 안될 때는 한탄하실 겁니다. 왜냐하면 덕을 베푸는 것은 상대적이라서 내가 상대방에게 80퍼센트 베풀었다면 상대방은 30퍼센트밖에 못 느낍니다. 그러니까 매사에 인간관계가 섭섭해지고 '나는 이렇게 잘했는데 상대방은 왜 그런가' 하는 원망을 갖게 되는 겁니다. 인간관계는 상대적이고 완전치 못하기 때문에 기쁜 일보다 섭섭한 일이 더 많이 생기는 것입니다. 지금부터는 상대방에게 덕을 받아서 만족하기보다 내가 상대방에게 덕을 베푸는 것으로 즐거움을 느껴야 합니다."

이렇게 얘기했더니 그제서야 환한 목소리로 "선생님 고맙습니다"라는 말을 연발했다.

그렇다. 각자가 상대에게 덕을 베풀어 줌으로써 상처받은 가슴을 어루만지고, 상대에게 따뜻한 미소를 보내 명랑하고 희망이 가득 찬 사회를 만드는 데 다같이 힘써야 하겠다.

서산에 지는 해는
지고 싶어서 지나

코 흘리며 초등학교에 다니던 때가 엊그제 같은데 벌써 60고개를 넘었다. 친구들 중에는 벌써 노인정에 출입하는 사람도 있다.

20세 전에는 나이 많은 것이 좋아 보이고 의젓해 보였는데, 35세 이후에는 어찌된 일인지 나이가 생각보다 빨리 지나가는 것 같다. 그리고 45세 이후에는 술집에 가서 나이 많은 이 취급을 하면 팁을 주고 싶은 생각도 없어진다.

이와 같이 세월은 자기 생각과 관계없이 빨리 흘러간다. 초등학교 때 참으로 곱고 교양미가 흐르던 어느 여자 선생님을 40년 만에 만나 뵌 적이 있다.

뵙기 전에는 '옛날 모습의 일부라도 간직하고 계시겠지' 하고 생각했는데, 그것은 착각이었다. 막상 만나 보니 목소리 외에는 옛날 모습과 하나도 닮은 데가 없었다. 등이 굽은 할머니로 변해 있던 것이다.

선생님은 당시 학생들에게 인기가 아주 좋았고, 선망의 대상이었다. 자상하게 수업 지도를 하고 노래도 잘했으며, 선생님이라고 생각하지 말고 큰누나로 생각하라시던 말씀이 아직도 귓가에 쟁쟁하다.

그런데 나의 상상이 완전히 뭉개지고 말았다. 초등학교 때 나의 상황을 설명했더니 그때서야 알아보시면서 옛날 이야기를 하셨다.

그러면서 당신의 사주를 봐 달라고 하시는 것이었다. 사주 볼 필요도 없이 오래 사신다고 해도 막무가내로 보라고 해서 봤더니 아직 여러 해가 남아 있었다.

"걱정하지 마십시오, 오래 사십니다" 하고 말씀드렸더니 그렇게 즐거워하실 수가 없었다.

해는 동쪽에서 떠올라 어김없이 서쪽으로 진다. 사람도 어김없이 한 줌의 흙으로 되돌아가게 마련이다.

요즘 젊은 세대는 나이 많은 세대를 비판하고 부정적인 측면만 보지만, 젊은 세대도 때가 되면 늙게 되고 똑같이 비판의 대상이 된다.

며느리도 나이를 먹으면 시어머니가 된다. 그러니까 시어머니 입장이 되어서 이해한다면 좀 더 평화로운 가정을 이룰 수 있지 않을까?

1972년 내가 뉴욕에 체류하고 있을 때 깨끗하게 정돈된 공원으로 종종 산책을 나갔다. 공원에는 늙은 부부들이 나와 침을 질질 흘리면서 독한 양주를 마시고 있었다. 젊은이들이 늙은 노인들을 아예 상대해 주지 않기 때문이었다.

과학적이고 진보적인 문화는 받아들여야 하겠지만, 이와 같이 천륜(天倫)이 파괴된 문화는 받아들일 가치가 없다.

그때 나는 '한국의 노인들은 미국의 노인들보다 행복하구나' 하는 생각을 했다.

젊은 세대들이여, 그대들은 영원히 젊은가? 그대들도 곧 결혼하고 아이를 낳고 기성세대에 편입된다. 그대들이 기성세대를 이해하고 기성세대가 당신네들을 조금 더 따뜻한 눈으로 대할 때 이 사회는 한층 더 명랑해질 것이다.

사주팔자에서도 일생 동안 좋은 사주는 드물다. 60년 중에서 30년 이상 좋으면 좋은 사주이다.

좋은 세월이 있으면 반드시 나쁜 세월이 있고, 억울한 세월이 지나가면 반드시 좋은 세월이 오게 되어 있다. 철저히 명(明)과 암(暗) 사이를 흘러가는 것이다. 명이 암을 도와주고, 암이 명을 이해할 때 이 사회가 좀 더 따뜻해지지 않겠는가? 서산에 지는 해는 지고 싶어서 지나? 지고 싶지 않아도 때가 되면 져야 하는 것이 해의 운명이다.

사주는 전생^{前生}의
업^業과 연관되어 있다

업(業)이란 인도 말로는 카르마라고 해서 그들 생활의 핵이 되어 있다.

국어사전에는 '전세(前世)에서 지은 악행(惡行)이나 선행(善行)으로 말미암아 현세(現世)에서 받는 응보(應報)를 이르는 말'이라고 기록되어 있다. 이것은 전세에서 지은 죄가 후대로 이어진다는 것을 의미한다.

사주에는 수많은 업이 부호로 표시되어 있다. 본인이 전생에서 잘못 저지른 죄 때문일 수도 있고 아니면 본인의 조상이 저지른 잘못으로 인해 고통받는 경우도 있다.

지난 수천 년 동안 많은 사람들에게 논란과 시비를 일으키면서도 결론을 내리지 못한 문제가 영혼의 문제이다. 이 영혼의 문제는 바로 업의 문제와 직결되어 있다. 팔만대장경에서 부처님은 한결 같이 생사윤회를 말씀하셨다. 즉, 사람이 죽으면 끝이 아니고 생전에 지은 업에 따라서 몸을 바꾸어 가며 윤회를 한다는 것이다.

그런데 근대과학의 발달이 물질뿐만 아니라 정신과학에도 이어짐에 따라 영혼이 존재하며 윤회가 있다는 것, 인과(因果)가 분명하다는 것이 오늘날 점차 입증되고 있다. 명상을 깊이 해서 자기의 전생을 보았다는 사람을 나는 여러 명 만나 보았다. 자기의 전생을 보고 어떤 사람은 2시간 이상 한없이 울었다고 고백하였고 또 어떤 사람은 자기의 전생을 본 이후로 자기의 생활에 큰 변화를 가져왔다고 실토한 적이 있다.

한의원이나 기공 치료소에서는 치료가 되지 않을 경우 나에게 사주를 가져온다. 대부분 자기 잘못으로 인해 온 병이 아니라 전생의 업에서 온 병이다. 그런 경우에는 치료가 불가능하다고 통고해 준다.

어떤 심리학자는 이런 병은 '깊은 참회'를 통해서 해결할 수 있다고 주장한다. 나는 그 경지에 들지 않았기 때문에 전문적으로는 알 수 없지만 그것도 한 방법이라고 생각한다. 사주에서는 견겁(肩劫)이 태왕(太旺)하면 전생에서 남의 것을 많이 빼앗았기 때문에 현세에서는 거기에 대한 대가로 남에게 많은 것을 빼앗기며 심하면 아내도 빼앗기게 된다고 한다.

만약 금(金) 일주가 태왕하여 여기에 해당한다면 재물을 빼앗기는 것은 물론 대장암, 폐암에 걸리거나 기관지에 병이 생긴다. 이렇게 왕성한 오행에, 또다시 거기에 해당하는 병이 가세하면 더욱 태왕해지므로 어떤 명의가 와도 고칠 수 없는 것이다.

이와 같이 전생에 남을 괴롭히고 남의 재물을 빼앗은 사람은 후생에서 남에게 재물을 빼앗기고 천덕꾸러기로 전락한다. 사주에는 원인 없는 결과가 없다. 반드시 원인과 결과를 밝혀 두고 있다.

또 다른 케이스로 재다신약(財多身弱)을 들 수 있는데 전생에서 많은 돈을 가지고 남을 괴롭혔기 때문에 현세에서는 돈의 노예가 되는 사람들이다. 이런 사람들은 현세에서는 사기꾼, 이중성격자, 배우자한테 괄시받는 팔자, 한마디로 땡전 한 푼 없는 거지 팔자가 된다.

관살태왕(官殺太旺)인 경우가 있는데 이런 사람들은 전생에서 권력을 남용하고 남을 못살게 굴었기 때문에 후세에는 권력 대신 몸의 곳곳이 아파 항상 골골한다. 좀 열심히 벌어서 살 만하면 몸이 아프다거나 재앙이 발생하곤 한다.

이처럼 이 세상이 끝이 아니고 현세에서 행한 행동의 결과는 후세로 계속 이어진다는 것이다. 오죽하면 예수님도 골고다 언덕에서 십자가에 못박혀 신음하면서 "아버지여, 아버지여, 저들의 죄를 용서하여 주십시오"라고 하느님에게 기도를 올렸겠는가?

저들의 죄란 모든 인간의 업을 이야기한다. 내가 착한 일을 하고 음덕을 많이 쌓으면 자기 대나 후대에 반드시 그 결과가 나타난다.

사주팔자는 현세를 정확하게 나타낼 뿐 아니라 전생 및 후생에 대해서도 언급하고 있다.

　죽은 후에도 대운(大運)은 계속된다. 죽은 후에 바로 하늘나라로 들어가는지 아니면 어느 세월 동안 구천을 헤매다가 들어가는지를 대운과 비교하면 자세히 점검할 수 있다.

　사주는 모든 것이 기(氣)의 작용이며 업(業)의 결과이다. 다른 세상에서는 다른 임무를 부여받는다. 이 세상이 끝이 아니다.

타고난 팔자는 속일 수 없다

대학 시절부터 잘 알고 지내는 B라는 친구가 있다.

B는 부산의 명문 경남고등학교를 우수한 성적으로 졸업하고 서울대학교 문리과 대학을 졸업함과 동시에 자타가 공인하는 종합 무역상사에 입사하여 차장까지 고속 승진을 했다. 얼굴이 미남인데다 성격도 원만하고 머리도 남보다 좋아 주위에서 모두들 큰 기대를 하였다.

나하고는 등산도 같이 다니고 저녁에는 대포도 같이 하면서 인생의 이것저것을 토론했는데 남의 이야기를 경청할 줄 아는 매너 좋은 친구였다. 부인도 명문 대학 출신을 얻어서 남들이 다 부러워하곤 했다.

그는 가장 좋아하는 정치인이 누구냐고 하면 가차 없이 김영삼 전 대통령이라고 대답했다. 민주 투사로서 존경심도 가지만 경남

고등학교, 서울대학교 선배로서 더욱 애착이 간 것 같았다. 정치적으로는 김영삼 전 대통령을 존경하는 것 외에 별다른 흥미를 가지고 있지 않았는데, 어느 날 신문을 보니 '반국가 단체'의 구성원으로 사진까지 크게 실린 것을 보고 나는 깜짝 놀랐다.

나중에 들으니 도망 다니는 친구에게 생활비를 도와줬을 뿐이라고 했다. 이때부터 그는 인생길이 정반대로 꺾이기 시작했고, 성공으로 가는 길목에서 도중 하차하고 말았다. 주위에서도 안타깝게 생각하여 구명 운동도 했지만 통하지 않았다. 그는 4년 정도 형무소 생활을 하고 나온 뒤에도 그 여백이 남아서 활발한 생활을 못하고 음지에서 보냈던 것으로 기억한다.

나는 역학 연구원을 개업하면서 B의 사주를 입수해서 보고는 깜짝 놀랐다. 본인의 성격이나 매너, 얼굴에서는 전혀 찾아볼 수 없는 전형적인 데모꾼 아니면 석양의 무법자에 해당하는 사주였던 까닭이다.

그는 제살태과(制殺太過)의 사주였다. 자기가 정의라고 생각하면 법도 무시하고 앞으로 나아가는 것이 제살태과의 특징이다. 외모나 성격 등 다른 데서는 나타나지 않았던 사실이 사주에는 그대로 나타나 있었다. 나는 사주의 오묘함, 틀림없이 연출하고야 마는 그 정확성에 또 한 번 놀랐다.

B는 지금은 재기해서 활발하게 사업을 하고 있다. 가끔 안부 전화도 오곤 한다.

나는 관상을 잘 보지 않는다. 그 이유는 얼굴이 깨끗하고 잘생기면 좋은 쪽으로 선입견을 가지고 사주를 감정하기 쉽기 때문이다. 처음에 선입견을 가지고 감정을 하다가 실수한 적이 있어서 지금은 철저히 사주 위주로 실관을 하고 있다. 나 나름대로 확고한 이론이 정립되어 있기 때문에 어떤 경우에는 사주 자체만 가지고도 할머니의 묘 위치와 묘에 물이 차 있는지의 여부도 가릴 수 있다.

사주란 우주가 인간에게 붙여 보낸 암호이기 때문에 이 암호를 벗어나는 것은 불가능하다. 우주와 더불어 동화하면서 같이 사는 길이 가장 행복한 길이다.

운이 좋지 않은 사람은
주식 투자하지 마라

 크게 보아 주식 투자도 운이 좋아야 성공할 수 있다. 운(運)이란 구체적으로 10년마다 바뀌는 대운(大運)과 해마다 달라지는 연운(年運)을 말한다. 주식 투자는 연운이 맞아떨어져야 성공할 수 있다.
 인생이란 넓은 의미로 보면 성공과 실패의 연속이다. 사람이 세상에 태어나서 가장 빨리 결과를 보려면 정치를 하라고 한다. 정치는 그만큼 승패(勝敗)가 빠르다는 뜻이다. 그런데 내가 보기에는 정치보다 결과가 빠른 것이 주식 투자이다.
 일반적인 사업은 운이 좀 약하더라도 과거 20년이나 30년의 기반을 가지고 있고, 무리하지만 않는다면 그런 대로 안전하게 운영할 수 있다.
 하지만 주식의 세계에서는 자기가 보유한 주식이 불과 5일 동안

하종가가 연속되어도 빈털터리가 된다. 반대로 5일 동안 상한가 행진이 이어지면 원금의 두 배가 된다. 이와 같이 승패의 세계가 확연하게 갈라진다.

퇴직한 분들이 무료해서 주식 투자에 뛰어드는 것을 우리는 종종 보게 된다. 그러나 퇴직한 분들이 주식 투자를 하면 99퍼센트가 실패한다. '퇴직' 자체가 운이 없음을 나타내기 때문이다. 운이 있는 사람은 퇴직 후에도 다른 기관으로 스카우트된다.

일반 주식 투자보다 승패가 더 빨리 결정되는 것은 선물이나 옵션 쪽이라고 한다. 그만큼 투기적이라는 얘기이다.

나는 지금까지 운명 감정을 해 오면서 부부간의 궁합이 나쁘더라도 서로 인내하면서 해로하는 경우를 종종 보아 왔다. 하지만 운이 나쁜 사람이 1년 단위로 주식 투자를 해서 성공한 경우는 보지 못했다. 운이 나쁜 사람은 주식과 궁합이 맞지 않기 때문에 해로가 불가능하다.

운이 좋은 사람을 기준으로 주식 투자에 임하는 자세에 대해 몇 가지 조언을 해 보면 다음과 같다.

첫째, 숲을 보면서 개별 나무의 특성을 이해하여야 한다.

여기서 숲은 전체 경기의 흐름을 가리키며 나무는 각 분야별 경기 전망과 각 업체별 경영 상태를 가리킨다.

전반적으로 경기가 좋지 않을 때는 각 개별 종목도 거기에 영향을 받아 주가가 크게 상승하지 못한다. 그와 반대로 경기가 호황일 때는 부실 기업도 덩달아서 주가가 오르는 경우가 많다.

소나기가 올 때는 우선 소나기를 피하는 것이 상책이다. 경기가 전반적으로 악화 일로를 걷고 있을 때에는 주식 투자도 잠시 쉬고, 현금을 보유하면서 관망하는 자세를 취하는 것이 좋다.

휴식은 에너지를 재충전하는 기회가 된다. 동시에 주식 투자는 상황이 안 좋을 때 쉬는 것이 자기를 보호할 수 있는 방법이라고 생각된다.

전체적인 움직임을 꿰뚫어 보지 못하면 주식 투자를 하지 않아야 한다. 거듭 강조하거니와 숲과 나무를 동시에 볼 수 있는 혜안(慧眼)이 없으면 주식 투자는 결코 성공할 수 없다.

둘째, 주식 투자를 한다고 다 이익을 볼 수는 없으며 때로는 손해를 볼 때도 있다는 사실을 알아야 한다.

손해를 볼 때는 어떻게 해야 할까? 손절매(損切賣)를 할 수 있어야 한다.

손절매란 가격이 지속적으로 하락하는 주식을 어느 시점에서 손해를 감수하면서 파는 것을 말한다. 계속 올라가기만 하는 주식도 없고 계속 내려가기만 하는 주식도 없다. 주식이란 오르고 내리는 하나의 시소게임이다.

내가 보기에는 침체 장세에서 많은 손해를 보는 경우는 대부분 손절매를 못했기 때문이다. 마음을 비워야 손해를 보고도 팔 수 있는 용기가 생긴다.

손절매한다고 거기서 끝나는 것은 아니다. 자기가 손해 본 품목을 계속 체크하여야 한다. 주가라는 것이 바닥을 찍고 다시 상승하기 때문이다. 이때는 과감히 주식을 매수하여 과거의 손해를 보상받고 덤으로 이익까지 챙겨야 한다.

거듭 말하거니와 운이 없는 사람은 헛욕심이 많다. 헛욕심이 많기 때문에 손해를 보고도 주식을 팔지 못하는 것이다. 이런 사람은 세월을 낭비하게 되며 또한 주식 투자의 손해로 마음의 상처까지 입는다.

돈은 기본적으로 자기 혼자만 사람의 몸 밖으로 나가는 것이 아니고 나가면서 가슴팍을 치고 나간다. 따라서 마음이 멍들게 된다.

손절매는 주식 투자의 기본 기술이요 필수 조건이다.

셋째, 그래프를 이해할 수 있는 안목이 필요하다.

우선 주가의 기본적인 움직임을 보자.

① 주가는 시장의 수요과 공급에 따라 결정된다.

② 주가는 일정 기간 일정한 추세에 따라 움직인다.

③ 주가의 추세에는 일정한 주기가 있다.

기술적 분석은 가격이나 거래량의 변화 추이 등을 분석하며 투자자들의 심리 요인 등 계량화할 수 없는 변수들을 읽을 수 있는 장점이 있다.

각 회사들의 경영 내용도 아주 중요하다. 그러나 그것보다 우선하는 것이 공급과 수요의 균형이다. 아무리 좋은 회사의 주가도 살

사람이 많지 않을 때는 내려가기 마련이다.

주식 기술 분석표는 수요와 공급 주가의 추세, 주가의 주기가 그래프로 알기 쉽게 표시되어 있으므로 이것을 읽는 안목이 없으면 주식 투자에서 성공할 수 없다.

넷째, 주식 투자의 방법이다. 1개월 단위로 한번에 20퍼센트 이상 수익을 올리는 것을 목표로 하는 것이 가장 좋다.

매일 사고팔고를 계속해서 수익을 내는 사람도 있다고 한다. 가령 하루에 3퍼센트씩 이익을 낸다고 가정할 때 한 달이면 60퍼센트 이익을 내는 것으로 추정할 수 있다. 그러나 실제로는 데이 트레이더(day trader)들이 중장기 투자자들에 비해서 수익이 적고 심하면 빈털터리가 된 경우가 많다고 한다. 또한 데이 트레이더들은 항상 신경이 예민하기 때문에 건강이 좋지 않다. 신경이 예민해지면 우리 몸의 신체 중에서 위장에 이상이 오기 때문에 장기적으로는 건강까지 해치게 된다.

특히 운이 안 좋은 사람은 이성보다 감정에 치우치기 때문에 매일 주식을 사고파는 연장선에서 초조와 불안이 증폭되어 마음의 안정을 잃게 된다.

그런 상태에서는 주식 투자에서 결코 성공할 수 없다. 나는 주식 투자를 할 때에는 데이 트레이딩을 권하고 싶지 않다.

다섯째, 어떤 장소에서 어떤 방법으로 주식 투자를 하느냐가 아주 중요하다.

증권회사 객장에 나가 보면 많은 사람들이 전광판을 응시하면서 시간을 보내고 있다. 자기가 가지고 있는 주식이 올라가면 즐거운 표정을 짓고 자기 주식의 시세가 떨어지면 어두운 표정을 짓는다.

모든 사람들은 대부분 기분에 좌우된다. 주식 전광판이 빨간색이면 사고 싶은 충동을 느끼고 파란색이 되면 주가가 더 내려가면 어쩌나 해서 팔고 싶은 유혹을 경험하게 된다.

나도 25년 전에 잠시 실업자가 되어 거의 대부분의 시간을 증권사 객장에서 보낸 일이 있다. 내 경험으로 볼 때 객장 손님의 95퍼센트가 '묻지마 투자자들'이라고 생각된다.

많은 사람들이 실업자이거나 아니면 노년에 딱히 갈 데가 없어서 객장에 나간다. 이런 사람들은 증권에 관한 전문 지식과 실력이 없을 뿐 아니라 실직을 했다는 자체가 운이 없기 때문에 모든 사태를 긍정적으로 평가하지 않고 부정적으로 보는 것이 습관화되어 있다.

이러한 분위기에서는 창조적이고 희망적인 아이디어가 나올 수 없고 부정적인 군중심리가 객장을 지배하게 된다. 따라서 이성적인 분위기와 정확한 판단이 요구되는 주식 투자에는 적합지 않다고 생각된다.

증권 객장에 아기를 업은 아줌마 부대가 등장하면 그때가 주식의 상투라고 생각한다. 그만큼 대중하고는 격리되어 외롭게 자신과의 싸움이 요구되는 것이 주식 투자이다.

주식 투자는 자기 집에서 하든 사무실을 운영하면서 하든 컴퓨터를 통해 사이버로 거래하는 것이 좋다. 비밀도 유지되고 모든 정보도 컴퓨터를 통해서 얻을 수 있기 때문이다.

내가 실관한 바로는 증권회사 지점장의 80퍼센트가 자기 집을 소유하지 못하고 있다. 이것은 단적으로 말해 주식 투자하다가 집을 다 날렸다는 이야기이다. 하물며 이런 사람들한테 무슨 자문을 구한다는 말인가?

주식은 자기와의 외로운 싸움이다. 다시 말하지만 객장에는 나가지 않는 편이 좋다. 주식에 문외한이면 교육 기관에 가서 일정한 교육을 받고 주식 투자를 하기 권한다. 주식을 하고자 한다면 컴퓨터를 통해 자기가 갖고 있는 주식의 상태를 꼼꼼히 챙기는 습관을 가져야 한다.

마지막으로 신용이나 미수로는 절대 주식 투자하지 마라.

신용(信用)이나 미수(未收) 거래를 하면 우선 마음이 불안해서 절대 주식 투자에 성공하지 못한다. 신용이나 미수를 사용하는 사람은 겉욕심이 많아서 결국 주식 투자에는 실패한다. 겉욕심이 많다는 것은 운이 없음을 가리킨다.

사람들은 운이 없을 때 유혹의 손짓에 넘어가기 쉽다. 운이 없을 때 옆에서 일확천금 이야기를 하면 귀가 솔깃해서 결국은 패가망

신한다. 신용이나 미수를 절대 사용하지 않는 것을 원칙으로 하기 바란다.

자본주의가 이 지구에 존재하는 한 주식 투자는 필요악의 일종이라고 나는 이해하고 싶다.

독자들의 이해를 돕기 위해 주식 투자를 해서 성공할 사람의 사주와 실패할 사람의 사주를 살펴보도록 하겠다.

시기를 잘 선택하면
주식 투자에 성공할 수 있는 사주

1945년 7월 23일 묘시(卯時) 건(乾)

입추(立秋) 7월 1일

희(喜)=목화(水火)

을유년 갑신월 신미일 신묘시
乙酉年 甲申月 辛未日 辛卯時

8세	계미(癸未)	O
18세	임오(壬午)	O
28세	신사(辛巳)	X
38세	경진(庚辰)	X
48세	기묘(己卯)	O
58세	무인(戊寅)	O
68세	정축(丁丑)	X
78세	병자(丙子)	X

이 사주는 신왕재왕(身旺財旺) 사주로서 48세부터 68세까지 엄청난 축재를 하였다. 주식 투자를 하여 2002년, 2003년, 2006년, 2007년, 2010년, 2011년에는 일확천금을 거머쥐었다.
　그 외 연도에는 대운과 연운이 맞지 않기 때문에 주식에 손을 댔다면 손해를 보았을 것이다. 사주의 그릇과 대운이 좋다 하더라도 주식 투자에는 이와 같이 투자 시기가 정해져 있으며 이 법칙을 따르지 않으면 역시 손해를 보게 된다.

무조건 주식 투자하면 안 되는 사주

1963년 윤 4월 14일 진시(辰時) 건(乾)

입하(立夏) 4월 13일

희(喜)=목화(水火)

계묘년 정사월 경술일 경진시
癸卯年 丁巳月 庚戌日 庚辰時

1세	병진(丙辰)	X
11세	을묘(乙卯)	△
21세	갑인(甲寅)	O
31세	계축(癸丑)	X
41세	임자(壬子)	X
51세	신해(辛亥)	X
61세	경술(庚戌)	O
71세	기유(己酉)	X

이 사주는 가종(假從) 사주이다. 목화(木火)가 용신(用神)으로 머리가 영리하고, 의리도 있고, 사람도 똑똑한 편에 속한다.

그러나 불행하게도 인생의 가는 길이 험난하다. 만약 이런 사주가 주식 투자를 했다면 2002년, 2003년, 2006년, 2010년, 2011년에는 주식 투자금의 30퍼센트 이상의 손해를 보게 된다.

그리고 그 외의 해, 예를 들어 2004년, 2005년에 주식에 손을 댔다면 완전히 깡통을 차게 된다.

이 사람은 주식뿐만 아니라 사업도 하면 안 된다. 그저 밑바닥을 기면서 살아가야 한다. 가라면 가고, 오라면 오는 것이 이 같은 사주를 가진 사람이 살아남는 방법이다.

제2부

유명인의 운명 감정

  독자들이 명리학(命理學)의 내용을 이해하는 데 도움을 주기 위해 실제 감정한 유명인들의 사주(四柱)를 게재했다. 모든 설명은 철저히 사주 위주로 해석하였으며 또한 길흉(吉凶)의 판단도 사주 위주로 하였음을 밝혀 둔다.
  잘 알려져 있지 않은 분들의 사주를 감정하는 것보다 잘 알려져 있는 분들의 사주를 감정하는 것이 독자들의 이해를 도울 듯하다. 몇 분의 사주는 양해 없이 게재하였음을 미안하게 생각한다.

49년간 북한을 통치한 김일성

1912년 6월 22일 미시(未時) 건(乾)

소서(小暑) 5월 23일

희(喜)=금수목(金水木)

임자년 정미월 임자일 정미시
壬子年 丁未月 壬子日 丁未時

2세	무신(戊申)	O
12세	기유(己酉)	O
22세	경술(庚戌)	X
32세	신해(辛亥)	O
42세	임자(壬子)	O
52세	계축(癸丑)	O
62세	갑인(甲寅)	△
72세	을묘(乙卯)	△
82세	병진(丙辰)	X

김일성의 사주를 풀이하려 하니 여러 가지 착잡한 생각이 든다. 내가 초등학교 4학년 때 6·25 전쟁이 일어났는데, 일단 피난하는 것이 좋다는 아버님의 지시에 따라 나는 전남 영암에 있는 외가로

옮겨 있게 됐다. 거기서 처음으로 인민군을 보았다.

어떤 인민군은 중학교 3학년 정도밖에 안 되어 보이는데 장총을 어깨에 메고는 질질 끌며 행군을 하고 있었다. 그 인민군이 너무 앳되어 보였기에 저 사람이 어떻게 전쟁을 할 수 있을까 하는 생각이 들었다.

당시 우리 할아버지는 그 일대에서 알아주는 지주였는지라, 집안에서는 이것저것 눈치를 살피기에 급급했다.

그때 배운 노래가 〈김일성 장군〉, 〈비겁한 놈아 가려면 가거라〉 등이었다. 초등학생들은 죽창으로 무장했으며 저녁마다 노래를 배우고 그들이 말하는 소위 이론 학습을 해야만 했다.

그해 무더운 여름에 해남에 사시던 할아버지가 돌아가셨다는 소식을 전하기 위해 머슴이 영암으로 왔다. 머슴과 함께 그 소식을 아버님에게 알리기 위해 광주로 가는데 새 신발 때문에 발이 부르터서 맨발로 광주까지 걸어가야 했다. 광주까지 가는 동안에 수많은 시체를 보았다. 처음에는 무서웠지만 나중에는 시체가 너무 많아 만성이 되었다. 어린 마음에도 어떠한 상황이든 전쟁은 일어나선 안 된다는 생각이 들었다.

남평까지 오니 이미 인민군 일부는 후퇴를 시작하고 있었다. 남평의 어느 주인 없는 집에서 일박한 후, 그 이튿날 아침에 광주에 도착하여 집에 들어가 보니 밥상은 차려져 있었으나 먹다 만 채였고, 집에는 아무도 없었다.

나는 배가 고픈 나머지 머슴과 함께 밥을 있는 대로 다 먹어 치웠다. 저녁 때가 되니 고모부께서 나를 불렀다. 집 뒤편에 비밀 지하실이 있어 그곳에 식구들이 숨어 있었던 것이다.

다음 날에는 약 50대의 비행기가 광주 시내를 폭격했다. 비행기 때문에 하늘이 보이지 않을 정도였다.

그때 우리는 그 비행기를 '호주기'라고 불렀다. 이승만 대통령 부인이 오스트레일리아 출신으로 잘못 알려져 대통령 부인 프란체스카 여사를 돕기 위해 호주에서 대량으로 비행기를 보냈다고 알고 있었기 때문이다. 사실 영부인은 오지리, 즉 오스트리아 출신이었고 비행기는 미국 비행기였으니 웃지 못할 이야기라 하겠다.

하여튼 나는 그때 전쟁의 참혹성을 피부로 느꼈고, 어떠한 이유로든 전쟁을 해서는 안 된다는 것이 나의 신조가 되었다. 혹자는 김일성의 생년월일이 1912년 4월 15일 인시(寅時)라고 주장하나, 여러 가지 정황으로 보아 잘 맞지 않았다. 그리하여 이북에서 피난 내려온 분들과 고(故) 이석영 선생님에게 들은 것을 종합하여 1912년 6월 22일 미시로 보았다.

또 김일성의 운로(運路)를 전개해 본 결과, 햇수도 다 맞아 떨어지기에 이 사주가 맞다고 보고 이 사주로 김일성의 성격 및 환경, 건강 그리고 대운에 대비한 길흉을 풀어 본다.

그러면 연간(年干)에 있어서 임수(壬水)와 월간(月干)에 있는 정화(丁火)가 정임합거(丁壬合去)가 된다. 여기서 정화는 부친 아니면 처음 만난 부인을 가리키는데, 둘 다 본인과는 인연이 없다고 해석된다. 그 다음 만난 부인이 시간(時干)에 있는 정화인데 이것은 정임합(丁壬合), 즉 합신(合身)이 되어 있어서 이 부인과는 해로한다고 보아야 한다.

일지(日支)에 있는 자수(子水)와 시지(時支)에 있는 미토(未土)가 자미형(子未形)을 하고 있는데 이는 처가 아이를 낳을 때 산액(産厄)이 있으니 각별히 주의하라는 뜻이다.

이어서 임자일주(壬子日主)의 성격에 대해서 논해 보자. 임자일주는 외양내음(外陽內陰)이 되어[천간(天干)의 임수(壬水)는 양(陽)인데 일지의 자수는 양이 변하여 음인 계수(癸水)가 되어 있다] 겉으로는 난류(暖流)가 흐르고 있으나 속으로는 한류(寒流)가 흐른다.

이것을 쉬운 말로 표현하면 겉 다르고 속 다르다는 뜻으로, 겉만 따뜻하지 속은 차다는 것이다. 속이 차기 때문에 겉만 보고 들어가다가(겉의 형태만 보고 상대하다가) 얼어 죽는 형상이 된다.

또 임자(壬子)는 양인(羊刃)에 해당하므로 차량 사고, 또는 수술이 항상 몸에 따라다닌다.

전반적으로 겉으로는 평온하나 내적으로는 복잡다단한 생활이고 도량이 광대하고 인인자중(忍忍自重)에 만인을 평등하게 대하나, 성질이 났다 하면 노도로 변하니 인마(人馬)를 살상할까 염려된다. 얼굴은 중앙이 돌출하고 비만 체구요, 또한 고집이 세서 그 고집 꺾을 자 없고 시작의 명수이며(일을 잘 저지른다) 항상 수심(愁心)이 많고, 본인이 태강(太强)하여 부모를 꺾겠다(부모를 이겨먹는다).

건강하지만 동상, 혈압, 심장, 중풍, 수액(水厄)에 주의해야 하고 타인보다 약량(藥量)이 배(倍)가 되며 사망 시 병을 오래 앓다가 죽는 것이 특징이다.

관(官)으로 직업을 택한다면 법관, 군인, 의사가 좋으며 사업을 한다면 식품, 여관, 어업, 무역업 등에 인연이 있으나 화재(火財)가 되어 산(散)이라(흩어진다). 부동산에 투자해야 그 재산을 지킬 수 있다.

또한 양인 작용으로 인해 버는 사람 따로 있고 쓰는 사람 따로 있는 팔자이다. 처궁(妻宮)은 부실해 손대지 않고 망처(亡妻)요. 도처 미인에 작첩(作妾)을 하고 비서 아니면 기생 출신 여자와 동거한다. 여러 여자에게 자식을 얻고, 의처증이 심하여 가정이 평안할 날이 없다.

이제 대운과 비교하기로 하자.

이 사주는 토극수(土剋水)를 심하게 당하고 있기 때문에 조후(調候)로 보더라도 한참 더울 때인 한낮에 태어나서 조금 식혀 주어야 사주의 균형을 잡을 수 있다. 금수(金水)가 좋고 화토(火土)가 나쁘며 목기(木氣)는 이 사주의 병인 토(土)를 제거함으로써 그저 무난한 운이라고 본다.

22세까지는 인수 운이 들어오니 공부를 잘했다고 볼 수 있는데 실제로 김일성은 16세부터 18세까지 만주 길림의 육문중학에 다닌 것으로 알려져 있다. 또 이때 자유[子酉, 귀문관살(鬼門關殺)]의 작용이 이 사주를 도와주니 머리가 아주 영리하다고 볼 수 있다.

그러나 22세부터 32세까지는 이 사주의 핵심인 자수(子水)를 술토(戌土)가 토극수(土剋水)하니 의지처를 상실하고 어려운 환경으로 접어들게 된다.

이러한 시기를 성균관대 명예교수인 이명영 씨는 〈김일성은 고작 마적단을 따라다니면서 공비 활동을 한 바 있는데, 이것이 뒤에 항일 투쟁으로 날조되었으며 절세의 애국자라고 우상화되고 있다〉라고 표현하였다. 반대로 중앙정보부장을 지낸 김형욱은 김경재가 받아쓴 그의 회고록 『혁명과 우상』에서 〈진실을 말한다면 해방 전에 25세 약관의 김일성이 무장 게릴라를 지휘하였고 한때는 중국 공산당 만주 지역의 동북항일군 소속으로 압록강 및 두만강 연안에서 항일운동에 헌신했다는 것을 알고 있었다〉고 회고하고 있다.

어찌되었든 22세부터 10년간은 고단한 생활의 연속이었다고 볼 수 있다. 만약 이 10년 동안 김일성의 운이 좋았다면 만주에서 활약하지 않고 국내에서 일본인과 어떤 형태로든 협력했으리라고 보아지니, 북한의 역사뿐만 아니라 한반도의 운명도 많이 달라졌을 것이다.

1931년 9월에는 만주사변이 일어난다. 그때 김일성의 나이 20세였다. 이때가 신미년(辛未年)인데 대운이 좋다고 하더라도 좋은 운은 거의 끝나가고, 연운(年運, 신미년)은 화토(火土)가 지배하니 세력을 상실하기 시작했다.

그 이유를 보면 중국 공산당의 김일성에 대한 비판과 지도부의 분열 그리고 만주사변이란 정세의 급변이 결정적인 요인이 됐다. 이후 김일성은 세력 약화로 중국 공산당에 접근한다. 1933년 오의성(吳義成) 구국군과 함께 만주의 안도에서 왕청(王淸)으로 왔는데 오의성은 일본군의 토벌을 피해 소련으로 갔으나 김일성은 소련으로 가지 않고 조선인 부대원들과 함께 소왕청에 주둔하고 있던 중공의 왕청현 유격대에 합류했다[이상은 왕윤성(王潤成)의 회고, 1962. 9. 참조].

1937년 김일성의 나이 26세에는 제6사를 이끌고 갑산군 보천면 면사무소를 습격했다. 이 사건을 계기로 국내 대중에게 알려지게 되었는데 만약 이 전투에서 운이 나빴다면 그는 전사했을 것이다.

1940년 그의 나이 29세에는 소련으로 월경했다.

대운이 다시 돌아선 것은 1944년 갑신년(甲申年)이다. 그의 나이 33세였다. 이때부터 그에게는 30년의 좋은 운이 기다리고 있었다.

이 30년 대운이 받쳐 주지 않았다면 박헌영, 조만식 등의 수많은 정적들과 싸워서 이기지 못했을 것이다. 이 시기 그는 만주에서 10년 동안 항일 무장투쟁을 펼치다가 소련으로 피신, 하바롭스크 변방 야영에 머무르다가 을유년(乙酉年)인 1945년 9월 10일 평양으로 귀환하였다.

그로부터 30년 동안은 임수일주(壬水日主)가 신약인데 다시 해자축(亥子丑) 운이 가세하니 계속 그 힘을 배가하는 시기였다.

1948년에 조선 인민군이 창설되었으며, 그의 직계인 빨치산파가 세력을 장악하고 9월 9일 조선 민주주의 인민공화국이라는 단독 정부를 수립했다. 무자년(戊子年)의 자수(子水)는 그의 일지(日支)에 있는 자수와 힘을 합하니 두 명의 김일성이 여기저기에서 활약하는 형상이 되어 무난하게 집권할 수 있었던 것이다.

경인년(庚寅年) 1950년 6월 25일에는 남침을 시작해서 6·25 전쟁이 일어났는데, 이때 경금(庚金)은 인목(寅木)에 절지(絶地)가 되므로 목화(木火) 운이 용신인 사람에게 좋은 해이다. 따라서 대운(大運)은 좋았지만 연운(年運)이 나빴기 때문에 김일성은 그 전쟁에서 소기의 성과를 거두지 못했고, 북한의 전 산업 시설마저 파괴되고 말았다.

이에 비하여 이승만(李承晩) 대통령의 사주는 목화가 용신으로 그때 그의 나이 76세였는데, 대운이 77세부터 좋게 들어오게 되어 있었다. 좋은 운을 앞두고 있는 연운이 좋기 때문에 실질적으로 이 대통령에게 1950년은 좋은 해라고 봐서 유엔군 참전도 가능했고 이 대통령의 오랜 지우(知友)인 맥아더 장군의 지원도 가능했던 것이다.

가정이지만 김일성이 1950년에 전쟁을 일으키지 않고 1948년이나 1949년에 일으켰다면 한반도의 운명은 분명히 달라졌다고 나는 확신한다.

1956년은 그의 나이 45세로 대운은 임자(壬子)가 되어서 김일성의 운세는 평소보다 두 배 이상 그를 보호하는 형상으로 되어 있다. 따라서 소련의 스탈린 격하 운동과 집단 지도 체제로의 전환이 북한 내부에 엄청난 영향을 미쳤음에도 불구하고 최창익, 박창옥, 윤공흠 등을 숙청하고 세력을 한층 공고히 할 수 있었던 것이다.

그의 나이 61세가 되는 1972년에는 국가 주석으로 취임했는데, 이것 역시 임자(壬子)가 그의 용신이었기에 모든 것이 그의 뜻대로 되는 해였다.

62세부터 72세까지는 목극토(木尅土)로 제거기병(除去其病) 하는 해이다. 따라서 32세부터 62세까지 지속된 30년 동안의 상승 운 때문에 무난히 보낸다.

82세에 접어들면서는 병진(丙辰) 대운이 지배하는데 진토(辰土)는 여기서 수(水)의 묘궁(墓宮)이 되므로 용신입묘(用神入墓)하게 된다. 따라서 죽는 운을 맞이하는데, 나의 감정 경험으로 볼 때 30대~40대에 용신입묘인 사람은 거의 죽지 않고 잘 넘긴다. 그러나 70세가 넘은 경우에는 용신입묘뿐만 아니라 유년(流年)이 나쁜 경우에도 극히 조심해야 한다.

1994년 대운에서 용신입묘이고, 유년(갑술년)에 술토(戌土)가 지배하므로 이 사주의 용신인 수(水)를 토극수(土剋水)로 완전 제거하며(술토가 수를 제거하는 데는 효력이 가장 강하다), 미토(未土)와는 미술형(未戌刑)이 되니 온통 한 가지도 성한 데가 없는 판국이 되어 수명을 다하게 된다.

앞에서도 이야기했지만 30대~40대의 용신입묘는 잘 죽지 않고 노인인 경우도 잘 넘기는 경우를 경험했는데, 김일성이 수명을 다한 이유는 우주가 이제 그의 역할이 더 이상 필요없다고 판단했기 때문이라고 본다. 혈압, 심장, 방광, 신장 쪽의 건강에 이상이 있어 죽은 걸로 보인다.

박정희 전 대통령

1917년 9월 30일 인시(寅時) 건(乾)

입동(立冬) 9월 24일

희(喜)=목화(水火)

정사년 신해월 경신일 무인시
丁巳年 辛亥月 庚申日 戊寅時

2세	경술(庚戌)	O
12세	기유(己酉)	X
22세	무신(戊申)	X
32세	정미(丁未)	O
42세	병오(丙午)	O
52세	을사(乙巳)	O
62세	갑진(甲辰)	X

박정희 전 대통령의 사주는 경금(庚金) 일주로서 금수(金水)가 태왕하고 관(官)이 투출되어 있기 때문에 신왕(身旺)한 사주인 데다가 해월(亥月)에 태어나서 식신격(食神格)에도 해당된다. 관(官)

인 사화(巳火)와 충돌하고 있어 좋게 보면 반항심이고 나쁘게 보면 부역 행위에 해당된다고 볼 수 있다.

그리고 경신(庚申) 일주는 전록격(專祿格)인데 한마디로 의리의 사나이이다. 또한 식신격이므로 한때는 학교에서 교편을 잡은 것으로도 나타난다.

팔자(八字)가 거의 다 충형(沖刑)이 많아서 ① 집안이 편치 못하고 ② 죽을 고비를 여러 번 당한다는 뜻으로도 풀이할 수 있다.

정사(丁巳)는 딸이 되는데 고란살로 외롭게 혼자 사는 경우에 해당된다.

아내는 인(寅)에 해당되는데 인신충(寅申沖)이 되므로 부인과 해로를 못하고, 인이 탕화이므로 말년에 총기로 가며, 또한 부인에게도 해당되어 부인도 총기로 가는 형상이다.

이 사주의 핵심은 인목(寅木)인데 신금(申金)에 의해서 충극(沖剋)을 당하고 있기 때문에 신금을 극히 꺼려 하는 형상이다. 여기서 신금은 서쪽 방향이며 나라로 지목하면 미국에 해당되는데, 박정희 전 대통령은 청년 장교 시절부터 미국에 좋지 않은 감정을 가졌었다. 나중에는 민족 안보와 정권 연장을 위해서 할 수 없이 미국에 협조한 것으로 사료된다.

사주학상으로 보면 신금에 의해서 피상당하고 있으므로 미국에 의해 거세당하는 형태가 된다. 그래서 그런지 한때 박정희 전 대통령 암살 배후에는 미국이 개입되었다는 소문이 자자하게 퍼져 있었다.

  또한 인중병화(寅中丙火)가 자식인데 인신충(寅申沖)을 하고 있어 자식은 되는 일이 없는 어려운 형편이고, 꼭 금수년(金水年)에는 아들(박지만) 이름이 나쁘게 등장한다. 화기(火氣)는 금수 운에 죽기 때문이다.

  천간(天干)에 신(辛)이 형제이다. 신해(辛亥)가 고란살에 해당되므로 형제들도 외롭다.

  인신사해(寅申巳亥)를 다 깔고 있으면 대체로 남자는 여자 꼬시는데 천재이고 여자는 바람둥이가 많다.

  성격은 냉정하다 못해 예리하게 보이며, 지나치게 완벽하고 거만한 것이 처세의 흠이다. 무슨 일이든 즉시 결정하고 사나이다운 점은 좋으나 말이 너무 모가 나 남의 폐부를 찌르니 언행을 조심하여야 한다. 또한 이 사주는 홍염살이 있어 술과 색(色)에 아주 강한 것이 특징이다.

  이제 대운과 비교하기로 하자.

  젊은 시절에는 운이 안 좋아서 32세까지 불행한 시절을 보냈다고 할 수 있다.

  그러나 32세부터 62세까지 30년 동안 좋은 운이 들어옴으로써 소장까지 진급할 수 있었고(그렇게 방해 세력이 많았음에도), 그 어려운 쿠데타도 무난하게 성공했으며, 오랫동안 대통령 자리를 지킬 수 있었던 것이다.

그러나 62세부터 진토(辰土) 대운이 들어오는데, 진(辰)은 신(申)과 합해지면서 수국(水局)을 형성하여 이 사주의 관운인 사화(巳火)를 극(剋)하기 때문에 여기서 관운은 끝난다고 볼 수 있다.

수(水)가 무엇인가? 상식이므로 아랫사람이나 부하에 해당된다. 따라서 데리고 있던 부하에 의해서 거세되는 형상이 된 것이다. 1980년 경신년(庚申年)이 위험하다고 봤는데 그보다 1년 앞선 기미년(己未年)에 사망했다.

연운은 무난했으나 돌아가신 것은 그만치 대운의 영향력이 크다는 것을 단적으로 말해 주고 있다.

전두환 전 대통령

1930년 11월 30일 오시(午時)
소한(小寒) 11월 18일
희(喜)=목화(水火)

경오년 기축월 계유일 무오시
庚午年 己丑月 癸酉日 戊午時

6세	경인(庚寅)	O
16세	신묘(辛卯)	△
26세	임진(壬辰)	X
36세	계사(癸巳)	X
46세	갑오(甲午)	O
56세	을미(乙未)	O
66세	병신(丙申)	X
76세	정유(丁酉)	X

전두환 전 대통령의 일생에 관한 글을 쓰려고 하니 여러 가지 어지러운 생각들이 머리를 스치고 지나간다.

12·12 군사 쿠데타, 광주민주화운동의 과정에서 희생당한 억울

한 사람들의 죽음을 떠올리지 않을 수 없다. 그를 비난하는 사람도 많은 반면에 오히려 혼란한 정국을 수습하고 물가를 안정시켜서 경제 발전에 공로가 많았다고 칭찬하는 사람도 있다.

그는 한 시대를 살면서 구름과 바람을 몰고 온 풍운아임에 틀림없다. 그의 평가는 훗날의 역사가에게 맡기기로 하고, 있는 그대로 그의 사주의 문제점을 하나하나 따져 보기로 하자.

부모 형제와는 사이가 좋으나 부모·형제 덕은 전혀 없는 걸로 풀이된다. 연지와 시지의 오화(午火)가 이 사주의 용신이니 처가 덕은 있다고 보아야 한다.

기본적으로 스태미나가 강하고 남의 비위를 맞추는 애교도 있으며 도화(桃花)가 둘이나 있어 멋도 있는 사람이다. 얼굴은 미남이고, 영리하며, 암기력이 뛰어나다. 직업으로는 법정, 교육, 외교, 무관 쪽에 해당된다.

건강은 좋으나 시력과 심장이 약하고 과음은 피해야 할 것이다. 특히 신장이 나쁠 때는 합병증이 유도되니 각별히 주의할 것이며 대장이 좋지 않게 타고났다.

신왕(身旺) 사주로 심신이 건강한 편이며 시주(時柱)에 있는 무오(戊午)가 이 사주의 핵심이다. 사주의 용어로는 명관과마(明官跨馬)에 해당된다. 명관과마란 벼슬이 돈을 타고 앉았다는 뜻이다. 다시 말하면 관직이 재물의 뒷받침을 받는다는 것이다.

따라서 돈을 요리할 줄 아는 능력이 탁월하며, 또 천간(天干)으로 무계합(戊癸合)을 하고 있기 때문에 큰 힘 들이지 않고 손쉽게 벼슬과 명예를 거머쥘 수 있는 사주이다. 재성(財星)과 관성(官星)이 이 사주의 용신이기 때문에 처자(妻子) 덕은 있는 팔자이다.

이 사주는 크게 보아 45세 이전에는 비교적 고전(苦戰)한 걸로 나타나 있다. 그러나 46세부터 66세까지는 20년의 대운이 뒷받침해 주었기에 중간에 어려운 고비를 무난히 넘길 수 있었다.

목화(木火)가 용신이기에 대부분 목화 운에 결정적인 기회를 포착하고 승기(勝機)를 잡았다고 볼 수 있다.

45세 이전에도 기회 포착은 역시 목화 운과 연결되어 있다. 1966년 그의 나이 37세에 제1공수특전단 부단장으로 발탁되었으며, 1967년 정미년(丁未年) 38세에 수경사 30대대장, 1970년 41세에 9사단 29연대장을 역임했다. 1974년부터 본격적으로 대운과 연결되니 여기서부터 출세 가도를 달리기 시작한다.

47세인 1976년 병진년(丙辰年)에는 대통령 경호실 차장보, 48세인 1977년 정사년(丁巳年)에는 육군 소장으로 승진하였고 49세인 1978년에는 1사단장으로 부임했다.

1978년은 무오년(戊午年)인데 이때 이 사주의 핵심인 무오가 두 개나 나타나 좋은 방향으로 운명을 유도하니, 이때 장관 이상 할 수 있는 문턱으로 들어서게 된다. 50세가 되는 1979년 기미년(己未年)에는 대통령과 독대할 수 있는 국군 보안 사령관에 취임한다.

51세인 1980년 경신년(庚申年)에는 대통령에 취임하게 되는데 연운은 불리하나 이미 대운이 좋은 쪽으로 들어서 있고, 1980년 ~1981년은 금수(金水, 군인의 시대를 가리킴)가 지배하기 때문에 조금 시끄럽기는 하나 그대로 밀고 나가 대통령 자리에 앉게 된다.

57세이던 1986년 병인년(丙寅年)은 그에게 아주 좋은 운의 해이기 때문에 무난하게 국정을 요리할 수 있었으나 이듬해인 정묘년(丁卯年)에는 정계충(丁癸冲), 묘유충(卯酉冲)으로 천간과 지지가 충이 되어 주위가 아주 시끄럽고 어수선하다. 이때 6·29 민주화 선언으로 그의 집권은 거의 종지부를 찍게 된다.

1988년 무진년(戊辰年)의 무진은 그의 벼슬과 명예를 가리키는데, 진유합(辰酉合) 금국(金局)이 되므로 그의 관직이 없어진다. 그러나 아직 대운이 충분히 남아 있으므로 수많은 옛 부하들을 그대로 거느릴 수 있었고, 후계자 노태우 씨에 의해서 크게 공격을 당했으나 백담사에 가는 것으로 끝낼 수 있었다.

백담사행이 1988년 11월에 이루어졌는데 이때 그의 나이 59세였다. 대운으로 볼 때 아직 7년간의 운이 더 남아 있다. 대운은 좋았지만 연운으로 볼 때 1988년, 1989년 기사년(己巳年)은 운이 좋지 않았기 때문에 그대로 백담사에 있었다. 그러나 61세가 된 1990년 경오년(庚午年)에는 역시 목화 운이어서 서울로 돌아올 수 있었다.

1995년 을해년(乙亥年) 양력 11월 30일, 66세에 그의 20년 대운은 막을 내렸다. 여기서 20년의 대운은 우주가 전두환 전 대통령을 20년간 보호해 주었음을 가리킨다. 따라서 어떠한 악재도 그를 침범하지 못했다.

광주민주화운동 때 학살당해 평안히 잠들지 못하고 구천을 헤매는 수많은 영혼들이 그를 끌어내리려고 했지만 우주의 철저한 보호로 그는 안전할 수 있었다.

하지만 우주의 보호가 해제된 1995년 11월 30일 이후 수많은 귀신들이 그의 감옥행을 외쳐 대었고 그 악역을 김영삼 대통령이 맡아서 집행했던 것이다.

1995년 12월 3일 전두환 전 대통령은 반국가 사범으로 구속됐다. 우주가 그의 보호를 해제한 지 3일 뒤였다.

그전에도 언론에서는 전두환 씨의 구속을 주장했지만, 김영삼 전 대통령은 역사에 맡기자고 했고 검찰도 국가원수의 통치 행위에 해당되어 수사가 불가하다는 결론을 내렸다. 그러던 분위기가 우주의 보호가 해제된 다음에는 일사부재리 원칙도 힘을 못 쓰고 그대로 구속이 집행되었던 것이다.

나 역시 과학적인 사주와 시간의 오묘함에 넋을 잃었다. 대운이 무서운 작용을 한다는 것이 다시 한 번 입증되었기 때문이다.

1998년부터 2003년까지 대우주의 보호는 끝나지만 소우주의 보호는 계속 받게 된다. 그 6년간이 그의 마지막 운이었다.

앞으로는 정치에 일체 관여하지 말고 나름대로의 역할을 찾을 것을 권하고 싶다. 국가와 민족을 향한 그의 마지막 봉사에 크게 기대를 건다.

김영삼 전 대통령

1928년 12월 4일 술시(戌時)

소한(小寒) 11월 26일

희(喜)=화토(火土)

무진년 을축월 기미일 갑술시
戊辰年 乙丑月 己未日 甲戌時

7세	병인(丙寅)	○
17세	정묘(丁卯)	○
27세	무진(戊辰)	△
37세	기사(己巳)	X
47세	경오(庚午)	○
57세	신미(辛未)	○
67세	임신(壬申)	X
77세	계유(癸酉)	X

김영삼 전 대통령의 사주는 지지(地支)에 진술축미(辰戌丑未)를 다 깔고 있어서 사위순전격(四位純全格)에 해당된다. 소위 귀격(貴格) 사주라고 하나 지지에 자연히 형충(刑沖)이 연결되기 때문

에 가족 관계는 그대로 파격(破格)으로 보아야 한다.

　이러한 사주를 가진 사람이 남자라면 욕심이 많고 바람둥이이며, 여자라면 불감증에다 종교에 귀의할 팔자이다.

　1993년 2월 대통령에 취임한 뒤 시중의 엉터리 역학자들이 앞으로 20년 운이 들어왔다고 난리를 치길래, 기가 막혀서 쓴웃음만 지었던 생각이 난다.

　이 사주는 월지(月支)와 일지(日支)가 축미충(丑未沖)을 하고 있기 때문에 부모 덕이 없다고 보아야 한다. 어머니에 해당하는 화(火)가 이 사주에는 보이지 않으므로 어머니와 인연이 없음을 가리킨다.

　이 사주는 견겁에 의지하기 때문에 일의 요령과 순서는 없으나 밀어붙이기로 하여 어떠한 어려운 환경도 돌파하고 있다. 그리고 인수가 없기 때문에 공부를 많이 해서 그것으로 세상을 개척하는 것이 아니고 기(氣)와 감(感)으로 승부하는 타입이다. 운이 나쁠 때는 그것이 전혀 통하지 않기 때문에 깊은 수렁으로 빠지는 것이 이 사주의 흠이다.

　기본 성격은 믿음과 의리가 강하며 정복욕이 대단하다. 심술도 있고 한없이 까다로워 비위 맞추기가 힘들다. 아집도 대단하고 의심이 많아 본인 이외에는 믿으려고 하지 않으니 자연 고독을 자초하게 된다.

　건강상으로는 간과 담이 허약하며 비뇨계통이 나쁘다.

직업으로는 정치계나 재정계 아니면 교육계가 적합하다. 가족 관계는 처궁(妻宮) 불미(不美)에 처 잔질이요, 아내를 의심하면서도 본인은 탐색(貪色)하는 데 일가견이 있다.

자식과의 관계는 관고(官庫)를 끼고 있으니 자식이 불구가 되거나 아니면 인생살이에서 고생을 많이 하는 것이 이 사주의 자식이 타고난 팔자이다. 그런데 둘째 아드님이 그렇게 설치고 다녔으니 자연의 법칙을 위배하고도 어찌 잘되기를 바라겠는가?

처음부터 대운이 좋은 쪽으로 들어와서 그의 나이 만 26세에 국회의원에 당선됐는데, 1954년 갑오년(甲午年)의 운이 어찌나 좋은지 눈 감고도 당선되는 운이다.

추운 12월에 태어나서 따뜻한 화토(火土)가 필요한 팔자인데, 갑오년의 천간의 갑목(甲木)은 갑기합(甲己合)해서 관(官)이 저절로 와서 영접하는 해이고 지지로는 따뜻한 화국(火局)이 형성되어 찬란하게 최연소 국회의원에 당선된 것이다.

27세부터 36세까지는 중간 정도의 운이고 37세부터 46세까지는 운이 좋지 않다. 그러나 47세부터 20년의 대운이 들어오니 이때 승승장구할 수 있는 문턱에 들어서게 된다.

1980년 신군부 세력이 정치인들을 많이 구속했을 때도 대운이 좋았기에 가택 연금 정도로 끝나지 않았나 생각된다.

1990년은 경오년(庚午年)이다. 천간의 경금(庚金)은 모험심을 가리키고 지지의 오화(午火)는 모든 세력이 그를 도와주는 것을 의미하니, 이때 소수의 세력으로 민자당 창당에 참여하여 대표 최고 위원이 된다. 계속해서 대운의 영향으로 대통령에 당선되니 이때가 1993년 2월이다.

그러나 47세부터 들어왔던 20년의 대운이 1994년 12월 2일 저녁 7시(양력)로 마감된다. 대운이 마감됐다는 것은 아주 좋은 운은 끝났음을 가리킨다.

여기서 김영삼 대통령은 마음을 비워야 하는데 계속 독선과 아집을 가지고 국정을 밀고 나갔으니 그 결론은 안 봐도 뻔하지 않겠는가?

1993년과 1994년에는 대운이 살아 있어서 그런 대로 인기도 있었고 나름대로 개혁 정책을 펼 수 있었다. 하지만 1995년부터는 대운과 연운이 다 안 좋으니 사면초가(四面楚歌)일 수밖에 없었다.

어느 외국의 기자가 1994년에 나를 방문한 적이 있었다. 이때 김영삼 대통령의 장래를 물어보길래 1995년부터는 '죽을 쑬 운'이라고 했더니 눈을 동그랗게 뜨고는 놀란 표정을 지었다.

김영삼 전 대통령은 추운 겨울에 태어나서 따뜻한 화토 운이 들어와야 농사를 지을 수 있는 가색격(稼穡格)으로 변할 수 있는데, 1995년부터 1997년까지는 계속해서 해자축년(亥子丑年)이 들어오니 흙에다 계속 물을 부으면 죽이 될 수밖에 없지 않은가?

우리나라가 IMF의 고통으로 시달린 이유는 첫째 1992년부터 1997년까지 국운이 없었기 때문이고 둘째 김영삼 전 대통령의 운이 나빴기 때문이다.

　1998년은 기토(己土)가 어렵게 인목(寅木)에 뿌리하지만 김영삼 전 대통령에게 가장 어려운 해는 1999년 기묘년(己卯年)이었다.

　아무튼 앞으로는 마음을 비우고 자연에 순응하여 편안하게 여생을 보내시기 바란다.

한국 정치사를 변화시킨 풍운아 김종필

1925년 11월 23일 야자시(夜子時)

소한(小寒) 11월 22일

희(喜)=금수(金水)

을축년 기축월 병신일 경자시
乙丑年 己丑月 丙申日 庚子時

1세	무자(戊子)	O
11세	정해(丁亥)	O
21세	병술(丙戌)	X
31세	을유(乙酉)	O
41세	갑신(甲申)	O
51세	계미(癸未)	X
61세	임오(壬午)	X
71세	신사(辛巳)	O
81세	경진(庚辰)	O
91세	기묘(己卯)	X

김종필 씨는 종재(從財) 사주이다. 종재 사주는 신왕재왕(身旺財旺) 사주와 동일하다.

신자(申子) 수국(水局)은 관(官)을 이야기함이요, 축토(丑土)는 재고(財庫)를 가리킴이니 재고가 두 개나 있다는 것은 그만큼 풍부한 재물의 뒷받침을 받음을 가리킨다. 따라서 부(富)와 귀(貴)를 다 갖춘 아주 그릇이 큰 사주이다.

 종재사주(從財四柱)이기 때문에 처세 외교가 탁월하고 지지(地支)에 수국(水局)을 깔고 있어서 좀처럼 남에게 자기의 속을 털어놓지 않는다. 그러나 천간(天干)에 병화(丙火)가 일주(日主) 역할을 하기 때문에 자기가 기분이 좋을 때는 모든 것을 다 털어놓는 이중적인 성격을 갖고 있다. 또한 아무리 어려운 경지에 놓여 있거나 당장 내일 죽는다 해도 결코 비굴하지 않고 큰소리치는 성격의 소유자이다.

 1961년 5·16 이후 한국 정치사는 그를 빼놓고는 쓸 수가 없을 정도로 가는 곳마다 바람과 비를 몰고 다니는 풍운아요, 또한 그가 움직일 때마다 한국의 정치 환경은 엄청난 변혁을 가져오곤 했다.

 내가 김종필 씨를 처음 만난 것은 1962년 서울대 문리대에서 '한국적 민주주의'에 대해 토론할 때였다. 당시 그는 말도 잘하고 논리적이었으며 거기다 아주 잘생긴 미남형의 얼굴이었다.

 김종필 씨가 없었다면 5·16 군사정변은 성공할 수 있었을까? 또 성공한 뒤에도 안정 세력으로 구축될 수 있었을 것인가.

 누가 뭐라고 해도 그는 5·16 군사정변의 주제요, 경제석인 면에서 민족의 수준을 한 차원 위로 끌어올린 장본인임을 부인하지 못할 것이다.

이제 사주와 그의 살아온 생애를 돌아보면서 앞으로 전개될 그의 역할을 보자.

21세까지 수국(水局)이 지배했기 때문에 그는 어렸을 때 크게 고생하지 않고 서울대학교 사범대학 교육학부에 입학했다. 21세부터 31세까지는 운이 안 좋아 서울대를 2년 다니다 중퇴하고 육군사관학교에 입학했다. 육사를 졸업한 후에는 평범한 장교 생활을 한 것 같다.

그러나 31세에 20년의 대운이 들어왔으니 이 20년간이 화려한 그의 일생의 디딤돌이 되었던 것이다. 1960년 경자년(庚子年)에 4·19 혁명이 일어나고 38세가 된 그 다음 해인 신축년(辛丑年)에는 군사 쿠데타 주동 혐의를 받아 중령으로 예편되었다.

그때 그의 운이 나빴다면 구속되어 무거운 형을 받았을 것이다. 그러나 그해에 그의 운이 너무나 좋았기에 군사정변을 성공시키고 초대 중앙정보부장에 취임했다. 1962년, 1963년은 목화(木火)가 지배하는 해이기 때문에 공화당 창당 과정이 세인의 입에 오르내리고 그의 일시적인 정치 망명까지 몰고 왔다.

그의 나이 43세인 1967년 정미년(丁未年)에는 7대 국회의원에 당선되고 47세인 1971년 신해년(辛亥年)에는 8대 국회의원에 당선되었으며 1971년부터 1975년까지는 국무총리를 역임했다.

또한 49세인 1973년 계축년(癸丑年)에는 9대 국회의원에 당선됐으며, 55세인 1979년 기미년(己未年) 10대 국회의원에 당선됨과 동시에 공화당 총재 수석상임 고문이라는 권력과 일정한 거리를 두는 자리에 만족할 수밖에 없었다.

 51세부터 71세 사이에는 운이 안 좋은 걸로 나타나 있으니 이때 그는 건강이 별로 좋지 않고 마음고생이 심했던 걸로 생각된다.

 56세인 1980년 경신년(庚申年)에는 전두환 씨를 중심으로 한 신군부 세력이 정권을 탈취했다. 이때 일부 세인들은 김종필 씨가 그들과 대결해서 정권을 재창출했어야 한다고 이야기한다. 만약 이때 그의 대운이 좋았다면 물론 도전해서 성공할 수도 있었을 것이다. 하지만 이때 대운이 나빴기 때문에 도전하지 않고 현명하게 대처했던 것이 옳았다고 생각된다.

 63세인 1987년 정묘년(丁卯年)에는 신민주공화당 총재로서 대통령에 출마했으나 대운, 연운이 다 나빴기 때문에 그의 득표율이 신통치 않았던 걸로 본다.

 그러나 1988년 무진년(戊辰年), 그의 나이 64세에 치른 국회의원 선거에서는 자진(子辰)=수국(水局)이 형성되어 충청남도에서 거의 싹쓸이를 하면서 신민주공화당에 많은 국회의원석을 안겨 주었다.

 66세인 1990년 경오년(庚午年)에는 노태우·김영삼 씨와 삼당합당을 했으나 그의 운이 좋지 않아 결과는 신통치 못했다. 71세인 1995년 을해년(乙亥年)에는 김영삼 씨와 헤어져 자유민주연합을 탄생시켰는데, 이때부터 그에게 다시 20년의 대운이 찾아왔다. 그 다음 해인 1996년 병자년(丙子年)에는 15대 국회의원 선거에서 대운, 연운이 다 좋은 덕택에 자민련 돌풍을 일으켜 50석 이상의 국회의원을 당선시켰다.

1997년 정축년(丁丑年), 73세에는 15대 대통령 선거가 있었는데 이때 그는 김대중 씨와 연합하여 김대중 정부를 탄생시켰다. 정축년은 금수(金水)가 강력히 지배하는 해였기 때문에 김종필·이인제 씨 운이 아주 좋고 상대적으로 김영삼 대통령 운은 아주 좋지 않았다. 이러한 원인들이 함께 작용해 김대중 정부를 출범시킨 것이다.

사실 나는 김대중 대통령의 정확한 사주를 모른다. 시중에 여러 가지 사주가 나돌고 있으나 어느 것이 정확한지 알 수 없어 김대중 대통령에 대한 평가는 전혀 할 수 없음을 독자들께서 이해해 주기 바란다.

아무튼, 김종필 씨의 운은 1997년 정축년에 아주 좋아 김대중 대통령을 당선시킴과 동시에 본인도 두 번째 국무총리에 취임할 수 있었다.

그의 운은 91세까지 건재하다. 그러나 그가 노령인 것을 감안할 때 금수(金水)가 지배하는 2004년부터 2010년 사이가 그의 마지막 무대가 되었던 것으로 보인다. 또한 91세까지는 건강이 유지되니 그가 살아 있는 동안 배후에서 큰 역할을 하게 되기를 기대한다.

통일교 교주 문선명

1920년 1월 6일 정자시(正子時) 건(乾)

입춘(立春) 12월 16일

희(喜)=목화토(木火土), 미술(未戌)

경신년 무인월 계축일 임자시
庚申年 戊寅月 癸丑日 壬子時

4세	기묘(己卯)	O
14세	경진(庚辰)	X
24세	신사(辛巳)	X
34세	임오(壬午)	O
44세	계미(癸未)	O
54세	갑신(甲申)	X
64세	을유(乙酉)	X
74세	병술(丙戌)	O
84세	정해(丁亥)	△
94세	무자(戊子)	X

한국이 낳은 세계적인 종교인 문선명 목사의 사주를 살펴보자. 우선 첫눈에 띄는 것이 금수쌍청(金水雙淸)이다. 이렇게 금수쌍

청으로 연결되면 종교와 인연이 깊어지고, 또한 동양철학에도 조예가 깊다 하겠다.

또한 인수고[印綬庫, 축토(丑土)를 말함]를 일지(日支)에 끼고 있기 때문에 공부를 하면 집중적으로 파고들며 특히 철학에 심취한다고 볼 수 있으나 육친으로 볼 때는 어머니 가슴에 한(恨)을 심어 놨다고 볼 수 있다. 지하에 계시는 어머니가 이 아들을 생각할 때는 항상 가슴이 아프다는 뜻이다.

이러한 금수쌍청의 사주는 보통 스님, 신부님, 목사님한테서 흔히 볼 수 있다.

이 사주는 월령(月令)에 있는 인중(寅中)의 갑목(甲木)이 용신인데, 목화(木火) 운에 모든 것이 순조롭게 풀린다. 인중의 갑목을 통해서 수생목(水生木) 목생화(木生火)까지 연결되므로 머리가 남보다 발달되어 있고 회전이 아주 빠르다. 아마도 머리 회전이 빨라 그렇게 세계적인 인물이 된 것 같다. 또한 전반적으로 대운이 좋게 흐르고 있다.

그러면 성격 및 건강 관계를 알아보기로 하자.

근면 성실함이 마음에 들고 지혜가 있고 준법정신이 투철하며, 지구력이 있다. 허나 은우(隱憂, 남이 모르는 근심 걱정)가 많다. 그리고 화상(火傷)의 흉터가 없으면 평생 화재나 가스를 주의하여야 할 것이다. 책과는 평생 가까이 하며 발명가나 수집광이 되기 쉽다.

계축(癸丑)이 백호대살(白虎大殺)에 해당되므로 형제 중에 횡액(橫厄)이 우려되고 건강은 풍습(風濕)에 혈압, 과음으로 인한 위장병이 염려된다. 만병의 근원은 냉한에서 온 것이니 보온에 주력하여 늘 몸을 따뜻하게 하는 것이 보약보다 낫다. 축(丑)이 금(金)의 고장(庫藏)에 해당되므로 대장(大腸) 질환에 주의하여야 하고 약을 쓸 때는 남보다 많이 써야 효력을 발생한다. 수기(水氣)가 많아 약의 효력이 수기에 의해 희석되기 때문이다.

관(官)으로 진출했다면 무관, 교육, 법정, 외교에 입신(立身)하며 사업을 한다면 문화, 종교, 출판, 의약, 골동품에서 성공한다.

이제 대운과 비교하기로 하자.

14세까지는 무난하게 성장해 왔다고 볼 수 있다. 월령에 있는 인목(寅木)과 합해서 목국(木局)을 형성하고 있기 때문이다.

그러나 14세부터 경진(庚辰), 신사(辛巳) 운이 지배하여 결과적으로 용신을 죽이고 있기 때문에 마음고생이 심했다고 할 수 있다.

26세인 1946년에는 공산당이 지배하는 북한에 머물던 시기에 해당되는데, 그때도 그의 종교는 이단시되어 교인을 빼앗긴 기독교 지도자들의 반감과 공산당 당국으로부터 이승만의 스파이라는 혐의를 받아 대동보안서(大同保安署)에 구속되었다. 여기서 그는 3일씩이나 먹이지 않고 재우지 않는 악독한 고문을 당하는 등 심한 고생을 하였다.

28세인 1948년에는 기성 교단의 질시와 공산당 당국의 종교 말살 정책에 의해 다시 내무서에 구속되어 5년 실형을 선고받았다.

1950년, 30세에는 북한 공산당의 남침으로 발발한 한국동란에서 유엔군의 협조로 한국군이 승리하고 흥남이 수복되면서 자동으로 석방되었다. 남한으로 내려왔다고는 하나 기반이 거의 없었던 그는 33세까지 셋방을 전전한 것으로 알고 있다.

그러나 34세부터 재운(財運)이 들어오고 동시에 용신의 보호를 받으니 몸은 건강해지고 황금이 골짜기를 메우기 시작한다.

54세부터 다시 운이 고개를 숙이니 고전한다고 봐야 하겠는데, 그는 54세부터 64세까지 넘기기 어려운 1년을 잘 넘겼다. 잘못하면 여기서 명이 다할 수도 있었다.

1994년 갑술년(甲戌年)부터 10년의 좋은 운이 재차 들어와 한마디로 표현하면 일발여뢰(一發如雷)이다. 번개가 우르르 쾅쾅 치듯이 운이 폭발한다는 뜻이다. 이때 세계적인 지도자로서 그의 진면목이 나타나게 된다.

또한 이러한 대운에는 자식들이 아버지 눈에 그렇게 좋게만 보이며, 극도로 효도하게 된다. 관(官)은 명예에도 해당되기 때문에 그의 명예는 한층 올라간다.

그는 자신이 태어난 평안북도 정주군 덕언면을 한시도 잊어버리지 않았음은 물론, 고향에 대한 그리움 때문에 한이 맺혔다. 따라서 어떤 형태로든 남북한 통일에 깊숙이 개입하고자 한 것으로 생각된다. 말년에는 심장, 혈압, 안질(眼疾)에 특별한 주의를 요한다.

정태수 전 한보철강 회장

1929년 1월 21일 해시(亥時)
입춘(立春) 28년 12월 25일
희(喜)=금수(金水)

기사년 병인월 병오일 기해시
己巳年 丙寅月 丙午日 己亥時

8세	을축(乙丑)	O
18세	갑자(甲子)	O
28세	계해(癸亥)	△
38세	임술(壬戌)	X
48세	신유(辛酉)	O
58세	경신(庚申)	O
68세	기미(己未)	X
78세	무오(戊午)	X

IMF가 한창 진행 중이던 1997년~1998년 '정태수'라는 이름이 세인의 입에 오르내린 적이 있다.

정태수 씨의 호적에는 생년월일이 1923년 8월 13일이라고 기록되어 있는데 이 생년월일을 양력, 음력 두 가지로 풀어 보아도 정태수 씨가 살아 온 생애와 맞지 않아 나는 상당히 당황했다. 언론사에서 원고 독촉은 들어오지 기록과는 맞지 않지, 하여 손을 놓고 있을 수밖에 없었다.

그러다 정태수 씨가 해주 정씨라는 것과 고향이 진주라는 것을 알게 되었고, 그의 친지를 통해 정태수 씨의 진짜 생년월일을 확인할 수 있었다.

그의 말에 따르면 6 · 25 전쟁 때 진주가 함락되고 정씨의 호적이 불에 타 없어져서 수복 후에 급히 호적을 만들었다고 한다. 그런 과정에서 원래 뱀띠 1월생이 1923년 돼지띠, 양력 8월생으로 잘못 기록되어 무려 6살이나 많아진 것이다.

그래서 원래 태어난 1929년 1월 21일 해시(亥時)로 풀었더니 그가 살아온 생애와 그대로 일치했다. 자, 그럼 이 사주와 비교하여 정태수 씨의 일생을 살펴보자.

부모 형제와 사이는 좋으나 부모 덕은 없다.

그의 기본적인 인상은 둥글넓적하고 이마가 조금 벗겨졌다. 성격은 남한테 예의 바르고 양보심이 있으며, 태양의 날에 태어나 모든 사람들을 차별하지 않고 똑같이 대한다.

말을 잘하고, 속냉속열(涑冷涷熱)로 조급하기는 하나 뒤는 없는 편이며 때로는 윗 사람에게 직언도 잘하고 정직하며 화끈한 편이다. 흠이 있다면 다소 산만하고 인내심이 부족하다는 점이다. 때로는 아랫사람을 멸시해 하극상의 문제가 발생하며 매사 자신하는 것은 좋으나 결실이 잘 이루어지지 않는다. 영리하기는 하나 자만에 빠지면 일을 그르치기 쉽고, 어릴 때부터 세상만사에 조숙해서 외로운 팔자이며, 부모님도 이겨 먹는다. 장남에 이런 사주가 많으며 형제 때문에 평생 고뇌하게 된다.

인덕(人德)이 없는데 이것은 본인의 고집 때문이니 다른 사람을 원망하지 말고 깊이 수양해야 한다. 건강하기는 하나 폐질(肺疾), 안질, 비뇨기 문제로 병원에 출입한다.

처궁(妻宮)은 극처(剋妻)라 처음 결혼한 사람과 해로하지 못한다. 의처증이 있고 어떤 여자든지 정태수 씨와 결혼하면 몸이 아프다. 한마디로 가정 생활이 편안하지 못한데, 이는 모두 본인의 이기주의에서 그 원인을 찾을 수 있다.

1월에 태어났다고 하나 태어난 날이 경칩을 앞두고 있고 또한 천간에 병화가 투출되어 있어 신왕(身旺) 사주에 해당된다. 재관이 이 사주의 핵심이기 때문에 정태수 씨는 누구보다도 자식을 끔찍이 아낀다. 또 재관을 필요로 하기 때문에 금수(金水)가 이 사주의 용신이 된다.

28세까지는 무난하게 사주가 형성되어 있는데, 들리는 말로는 어릴 때 고생을 많이 했다고 한다. 그 당시 시대가 전반적으로 어려운 때였다고 생각하면 이해가 간다.

23세 때인 1951년, 그는 세무 공무원으로 사회 생활을 시작한다.

37세까지는 하급 공무원으로서 무난하게 지낸 것으로 나오나 38세부터 대운이 안 좋으니 승진이 되지 않고 고생을 하게 된다.

1974년 갑인년(甲寅年)에 공무원 생활을 그만두고 건설업계로 뛰어들어 한보상사를 설립하고 사장이 된다. 하지만 계속 목화(木火)가 지배하기 때문에 시작부터 고전한 걸로 나타나 있다. 그의 나이 50세인 1978년 무오년(戊午年)에 접어들면서 은마 아파트를 건설 분양하였으나 분양 실적이 저조했다. 48세부터 대운은 좋은 운으로 들어섰으나 연운이 좋지 못했기 때문에 완전히 실패한 것은 아니고 어려운 상태를 끌고 나간 것으로 봐야 한다.

그러다 대망의 1980년 경신년(庚申年), 52세에 대운과 연운이 맞아떨어져 석유 가격이 폭등하고 부동산 붐이 일어 아파트가 완전히 매진되면서 탄탄한 사업 기반을 잡기 시작한다. 이때부터 6년간은 금수(金水)가 지배하기 때문에 재벌로서의 기초를 다진다.

그의 나이 48세에는 20년의 재운이 들어온다. 신유(辛酉)·경신(庚申) 대운이다. 신유·경신은 육친으로 따지면 재성 운으로서 사업이 크게 일어날 운이요, 오행으로는 금(金)에 속하니 금은 철강을 가리킨다.

그는 48세부터 철강업을 일으켜 세워 크게 부자가 되겠다는 자기최면에 걸리기 시작한다. 그리하여 부산에 있는 금호철강을 인수하여 철강업계에 뛰어든다. 세인이 다 알다시피 여기서 그는 건설업과 철강업으로 한국 굴지의 재벌이 되었다.

그렇지만 그의 20년 대운도 1996년 12월 2일(양력)로 마감하게 된다. 이때부터 은행 대출이 막히기 시작했고, 1997년 1월 3일 구속되기에 이른다. 대운이 끝난 지 한 달 후의 일이다. 여기서 독자들은 대운이 얼마나 중요한지를 다시 한 번 느꼈을 것이다.

정태수 씨가 실패한 원인을 나는 세 가지로 분석해 본다. 첫째, 대운이 끝나기 3년 전부터 사업을 정리하기 시작했어야 했는데, 자기 몫을 끝까지 차지하겠다는 생각이 무리였다.

둘째, 이렇게 큰 사업을 일으키려면 나라의 운과 비교 분석하여야 하는데 그것을 소홀히 한 것 같다. 다시 말하면 국운이 1992년부터 1997년까지 아주 나쁜데 그것을 고려하지 않았던 데에 원인이 있다고 본다.

셋째, 사업의 종류나 생산 품목마다 연운이 있는데 철강은 1992년부터 전체적으로 경기가 좋지 못했다.

이 세 가지를 종합해 볼 때 주위 여건을 고려하지 않고 무리수를 감행한 것이 원인이라고 생각된다. 더 이상 사업에 집착하지 말고 건강에 신경 쓰면서 말년을 보내기 바란다.

미남 영화배우 신성일

1937년 3월 28일 술시(戌時)
입하(立夏) 3월 26일
희(喜)=목화(木火)

정축년 을사월 을미일 병술시
丁丑年 乙巳月 乙未日 丙戌時

1세	갑진(甲辰)	X
11세	계묘(癸卯)	O
21세	임인(壬寅)	O
31세	신축(辛丑)	X
41세	경자(庚子)	X
51세	기해(己亥)	△
61세	무술(戊戌)	O
71세	정유(丁酉)	X

신성일 씨 사주를 감정하려니 내가 고등학교 다니던 시절 우리 학교에서 영화 촬영을 하던 모습이 생각난다. 그때는 전 시가지가 떠들썩할 정도로 인기가 대단했다.

우선 그의 사주에 보이는 것은 연지(年支)에 있는 축토(丑土)이다. 축토는 연상의 여인으로 엄앵란 씨가 된다. 그리고 전체적으로 목생화(木生火)를 잘하고 있기 때문에 남보다 두뇌 회전이 두 배나 빠르다.

인정이 많고 두뇌가 명석하며 근면 성실하고 학문과 예술에도 뛰어난 재질이나 음악에는 약하다. 다른 소질에 비하여 노래가 약하다는 말이다.

성격은 조금 심술 맞아 상대하기가 어렵고 지구력이 약할까 염려된다. 정(情)은 신앙에 통(通)하며 시은포덕(施恩布德) 한다.

어려서 잔질이 많아 부모님 걱정깨나 시켰고 특히 간담과 신장, 방광 및 신경성 위장병을 주의해야 할 것이며 또 조로(早老)하지 않으면 성격이 까다로워 상대하기 어렵다.

자수성가하여야 하며 버는 것보다는 관리가 아주 중요하다. 직업은 교육계, 예체능계, 재정계, 체신 공무원 등이 맞지만 한 직장에 오래 있지 못함이 흠이다.

다음에는 대운과 비교하기로 하자.

11세까지는 경쟁자한테 밀리는 형상이어서 마음이 편치 못하다가 11세부터 31세까지 일찍 운이 들어오니 완전히 뿌리를 내리고 젊은 시절에 이름을 날리게 된다.

그러나 31세부터는 운이 고개를 숙이니 돈이 생기고 기반이 닦일 만할 때 재앙이 생겨 본인도 답답한 세월을 보낸다. 1981년 신유년

(辛酉年) 용산구에서 국회의원으로 출마했을 때 그의 나이가 45세이다.

이 사주는 목화(木火)가 좋은 팔자인데 대운이 금수(金水)로 흐르고[경자(庚子)] 유년(流年)이 신유년(辛酉年)이기 때문에 금기(金氣)가 당권하게 된다. 그의 사주로는 최악의 해이므로 이때 심신에 상처를 입게 된다.

그러나 51세부터 대운이 좋아지니 다시 승승장구하게 된다. 1986년 병인년(丙寅年)부터 유년이 좋아져 50세부터 복구를 시작한 것이다.

그러나 내 경험으로 미루어 보아 대운이 좋다 하더라도 연운(年運)이 안 좋을 때는 법관이 되기 위한 사법 고시, 재정 전문직인 회계사 시험 등에 떨어지며, 정치인의 경우 국회의원에 출마하면 낙선한다.

15대 국회의원 선거는 1996년 병자년(丙子年)에 실시되었는데 신성일 씨 나이 60세였다. 병자년은 수기(水氣)가 강력하게 나타나기 때문에 목화(木火)가 용신인 신성일 씨의 경우, 아무리 주위에서 협조해 줘도 그해에는 100% 낙선이다.

쉬운 말로 풀이하면 수기가 당권하는 해에는 목화가 다 몰광(沒光)하게 되어 있다.

1998년부터 다시 목화 운이 들어오니 그는 재기에 성공한다. 그는 2000년 4·13 총선 때 대구에서 국회의원에 출마, 당선되는 영광을 누렸다.

  70세 이후에는 운이 고개를 숙이니 은퇴해서 편안한 여생을 보내는 것이 좋겠다. 특히 이때부터 간과 담에 신경을 써야 하겠다.

20대에 가요계를 휘어잡은 가수 남진

1946년 9월 27일 유시(酉時)
한로(寒露) 9월 15일
희(喜)=금수(金水)

병술년 무술월 무진일 신유시
丙戌年 戊戌月 戊辰日 辛酉時

6세	기해(己亥)	O
16세	경자(庚子)	O
26세	신축(辛丑)	O
36세	임인(壬寅)	X
46세	계묘(癸卯)	X
56세	갑진(甲辰)	O
66세	을사(乙巳)	O
76세	병오(丙午)	X

　남진 씨 사주는 신왕상식왕(身旺傷食旺) 사주이다.
　신왕하다 함은 매사에 자신 있고 여유가 있음을 가리키고, 상식이 잘 구성되어 있다 함은 머리 회전이 잘되고, 예체능·기술 또는 교육 계통에 천부적인 소질이 있음을 가리킨다. 시주(時柱)에 있는 신유(辛酉)는 금(金)을 가리킴이니 그의 노래에서 쇳소리가 나오는 것은 이러한 시주의 영향 때문이다.

일지(日支)와 월지(月支)가 충돌하고 있음은 부모나 형제 사이에 인연이 약함을 가리킨다. 오히려 형제들보다 부인과 훨씬 가까운 팔자이다.

일주에 있는 무진(戊辰)은 흙인데 살집 좋고, 비만 체구에 해당된다. 또한 일지에 재고(財庫)가 놓여 있기 때문에 욕심이 한없이 많다. 돈복도 있어 빚이라 할지라도 항시 수중에 돈은 가지고 있는 팔자이다. 재고란 나이 많은 여자의 집합 장소이니 여자 과부들이 항시 따른다.

반면에 재고는 마누라의 잔질에 해당되니 어느 누가 남진 씨한테 시집오더라도 몸이 아픈 것은 면할 길이 없다. 건강을 보면 풍질, 혈압, 당뇨, 습진, 결석을 주의해야 한다.

육친으로는 자식보다 손자가 출세하는 팔자이다. 따라서 자식보다 손자 복이 더 강하다. 그리고 형제 중 일부에게 흉변(凶變)이 생길까 두렵다.

대운과 비교해서 36세까지는 전혀 고생을 하지 않고 자기 계획대로 매사가 추진되었다. 따라서 일찍 가요계에 진출해서 전국적으로 이름을 날렸다고 볼 수 있다. 그의 나이 36세이면 1981년에 해당되는데 이때는 금수(金水)가 지배하는 상황이므로 1985년까지 그런대로 가요계에서 크게 활약했으리라고 본다.

1986년 그의 나이 41세 부터는 목화(木火)가 당권하게 된다. 그러므로 몸만 바쁘지 실속이 없고 건강도 위장에 이상이 온 것으로 나타나 있다.

그러나 그의 나이 56세부터 다시 20년의 대운이 들어오니 여기서 중·말년에 다시 발복하게 된다.

대운에서는 2001년부터 운이 좋아지나, 연운(年運)이 목화 운에 해당되니 본격적으로 건강 및 하는 일이 쉽게 풀리는 연도가 2004년에 해당된다.

이로부터 17년의 운이 그를 기다리니 숨통이 트이고 자신이 데리고 있는 사람들이 마음대로 조종되므로, 기대 이상의 효과를 얻는다. 2004년부터는 아이디어만 내면 히트를 치고 말만 하면 돈이 생긴다. 이때부터는 예체능 계통의 사업, 교육 사업 등을 경영해도 크게 성공한다. 앞으로도 그의 화려한 변신을 기대한다.

방송계를 주름잡은 코미디언 이홍렬

1954년 5월 22일 인시(寅時)

망종(芒種) 5월 6일

희(喜)=금수(金水)

갑오년 경오월 기유일 병인시
甲午年 庚午月 己酉日 丙寅時

6세	신미(辛未)	X
16세	임신(壬申)	O
26세	계유(癸酉)	O
36세	갑술(甲戌)	X
46세	을해(乙亥)	O
56세	병자(丙子)	O
66세	정축(丁丑)	O
76세	무인(戊寅)	X

　이홍렬은 신의(信義)가 대단하며 인정이 많은 팔자로 청백함이 돋보인다. 또 지층은 흙이나 지하는 보석 광맥이 당권하고 있어 논밭보다는 광맥으로 개발함이 유익하게 되어 있으니 본래의 목적을

바꾸어 편법으로 출세함이 빠를 것이다. 문장력이 좋고 암기력 하나는 알아줄 만하다. 고집이 세며 또한 강자에게는 강하고 약자에게는 약한 것이 이 사주의 특징이다.

　부모나 형제 덕도 없어 자수성가해야 되겠다. 사업을 한다면 의약품, 식품, 육영사업(학원, 양로원, 고아원), 영화제작 등이 좋다.

　처를 사랑하고 처덕이 좀 있다고 봐야 한다.

　재복은 지출 연후에 수입이요 타고난 건강이 아주 좋기 때문에 웬만한 상황이 와도 병치레는 안 할 걸로 본다. 구태여 따진다면 폐, 대장이 좀 약하게 타고났다.

　46세부터 수기(水氣)가 들어오니 건강이 아주 좋아지면서 하는 일이 쉽게 풀린다. 76세까지 운이 충만하니 이만하면 하늘의 축복을 받았음이 틀림없다.

　주위에 어려운 사람을 도우면 도와주는 대가의 배로 보상받을 팔자이니 참으로 복도 많다.

머리 좋고 명랑한 성격의 영화배우 박신양

1968년 1월 7일 진시(辰時)
입춘(立春) 1월 7일 3시 8분
희(喜)=목화(木火)

무신년 갑인월 을사일 경진시
戊申年 甲寅月 乙巳日 庚辰時

10세	을묘(乙卯)	△
20세	병진(丙辰)	△
30세	정사(丁巳)	O
40세	무오(戊午)	O
50세	기미(己未)	O
60세	경신(庚申)	X
70세	신유(辛酉)	X

　박신양은 부모와 인연이 없고 형제와도 사이가 그다지 좋지 않다. 평소에 약하다고는 하나 뚫고 나가는 데는 일등이다. 돌파력이 강하다는 뜻이다.

목화(木火)가 잘 구성되어 있어서 곡선미가 대단하고 늘씬하며 기본적인 끼가 있는 것으로 나타나 있다. 기본 성격은 인정이 많고 명랑한데 정도가 지나쳐 때로는 다정(多情)도 병이 된다.

건강은 간, 담이 허약하며 두통 증세가 있으면 반드시 치료해야 한다. 나이가 들수록 변비, 치질에 신경을 써야 하겠다. 직업은 교육이나 예체능 또는 의료 분야에 잘 맞는다. 따라서 영화배우, 탤런트 생활은 적성에 아주 잘 맞다고 하겠다.

결혼은 미모의 여자와 할 것이며 장모를 모시는 팔자이다. 30세부터는 30년의 대운이 들어오니 대한민국이 좁다 하고 설칠 것이며, 그의 이름이 해외에까지 알려진다.

동남아와 일본, 홍콩 등과 인연이 있으니 그쪽으로 진출하는 것도 괜찮다고 할 수 있다. 앞으로 박신양의 활약은 본인은 물론 국가 연예계의 발전에도 크게 기여하리라고 본다.

60세 이후에는 영화배우, 탤런트 외에 일체 다른 일에 관여해서는 안된다. 또한 60세 이후에는 간에 이상이 오니 지금부터 그쪽을 계속 보강하기 바란다.

천재적인 두뇌의 소유자 손지창

1970년 1월 15일 사시(巳時)

입춘(立春) 12월 28일

희(喜)=목화(木火)

경술년 무인월 신미일 계사시
庚戌年 戊寅月 辛未日 癸巳時

5세	기묘(己卯)	O
15세	경진(庚辰)	X
25세	신사(辛巳)	O
35세	임오(壬午)	O
45세	계미(癸未)	O
55세	갑신(甲申)	X
65세	을유(乙酉)	X
75세	병술(丙戌)	O

손지창은 신경이 예민하며 까다롭고, 두뇌 회전이 빨라 누구도 따라올 수 없는 천재적인 회로를 갖고 있다. 그만큼 순간적인 판단이 빠르다는 뜻이다.

그는 상대방이 자신을 건드리거나 비위가 맞지 않으면 신경질적인 반응부터 나타낸다. 성질낼 때는 미친 사람 같기도 하지만 까다로운 자기 성격을 상대방이 이해해 주면 간이라도 꺼내 준다.

머리가 좋기 때문에 때로는 시건방지고 교만하며, 기쁜 일이 있을 때는 너무 기뻐서 잠을 설친다. 세상에 궁금한 것도 많다. 남의 일이든 나의 일이든 모든 게 궁금하다. 손지창을 속일 생각을 하면 안된다. 만약 다른 사람이 그를 속인다면 그는 알면서도 속아 주는 것이다. 귀신과 사람의 중간에 있다고 할 만큼 그는 모든 것을 그 자리에서 파악하고 대처할 수 있는 능력을 가지고 있다는 뜻이다.

또한 그는 어디에서 와서 어디로 흘러가는지 알 수 없는 아주 복잡다단한 사람이다. 비교적 처세 외교가 뛰어나고 돈방석을 깔고 앉아 있으니 항시 수중에 돈이 생긴다.

신의는 있으나 욕심이 많아 돈이 들어가면 나올 줄 모르고, 심술과 고집이 대단히 강하며 항상 상대방을 정복하려고 한다.

공부는 도중하차하기 쉬우니 일찍 사회로 진출하는 것이 좋겠고, 예술·체육 계통에서 천재적인 소질을 발휘하게 된다.

재복은 좋아 알부자 소리를 들으나 흠이 있다면 결혼해서 처의 잔질이 문제가 된다. 처가 몸이 아프고 피곤기를 느낀다. 어떤 여자든지 그와 결혼하면 그렇게 된다. 아무리 억센 여자라도 이런 사람과 인연이 되면 꼼짝 못한다. 여자한테 쩔쩔매는 것은 손지창 사전에 없다.

건강은 신장, 방광이 좀 약하나 크게 문제될 것은 없다. 55세까지 운이 하늘로 치솟으니 가히 부귀겸전(富貴兼錢)이라고 할 수 있다.

55세 이후에는 예체능 외에 다른 사업에는 손대지 마라. 그것만 지키면 말년까지 편히 지낼 수 있다.

앞으로 그의 활발한 활동을 통해 우리나라 연예계가 한 걸음 더 발전하길 바란다.

정상의 자리를 지키는 방송인 박소현

1971년 1월 16일 미시(未時)
입춘(立春) 1월 9일
희(喜)=목화(木火)

신해년 경인월 정묘일 정미시
辛亥年 庚寅月 丁卯日 丁未時

8세	신묘(辛卯)	O
18세	임진(壬辰)	O
28세	계사(癸巳)	O
38세	갑오(甲午)	O
48세	을미(乙未)	O
58세	병신(丙申)	X
68세	정유(丁酉)	X
78세	무술(戊戌)	O

박소현의 사주는 전형적으로 예술·체육·문학·언론계 특히 매스컴 계통에 맞는 사주이다.

성격은 화끈하며 예스, 노가 분명한 사람이다. 거짓말을 못하며 속에 비밀을 담아 놓지 못하고 밖으로 쏟아 내는 스타일이다. 임기응변에 능하며 비교적 교양도 있는 것으로 되어 있다. 이 사주에는 어머니가 강력히 자리 잡고 있어 어머니는 튼튼한 반면, 아버지가 약하게 나타나 있어서 본인과는 연이 약하다고 볼 수 있다.

다른 것은 다 만점인데 남자 복이 별로 없다. 남자를 별로 존경하지 않으며 남자에게는 크게 관심이 없는 걸로 나타나 있다. 결혼 생활을 한다 하더라도 남자가 실수할 때는 용서하지 못하는 결점도 가지고 있다.

건강으로는 풍질에 심장이 약하고 시력에 이상이 있어 안경을 써야 되겠다.

운기(運氣)의 작용으로 볼 때 초반부터 고생하지 않고 무난하게 연예계 생활의 기반을 닦은 걸로 되어 있다. 처음부터 58세까지 운이 좋으니, 세상만사가 왜 이리 차별이 심한가. 58세까지는 건강이 좋고 하는 일이 잘 풀린다.

1년으로 본다면 봄·여름이 본인에게 좋고, 가을·겨울은 좋지 않으니 건강에 각별히 유의하기 바란다.

성격은 복잡하지 않고 간단한데 자기가 하고 싶은 말은 다하고 사는 타입이다. 또한 남보다 인정이 많고 위아래 친화력이 강하다.

앞으로 남자 친구를 사귄다면 여름에 태어난 사람이 좋다. 가장 잘 맞는 배필이다.

아무튼 50년의 운을 타고났으니 남들의 부러움을 살 만하다.

한류를 주도한 만능 탤런트 안재욱

1971년 9월 12일 인시(寅時)

한로(寒露) 8월 21일

희(喜)=화토(火土)

신해년 무술월 무자일 갑인시
辛亥年 戊戌月 戊子日 甲寅時

7세	정유(丁酉)	X
17세	병신(丙申)	X
27세	을미(乙未)	O
37세	갑오(甲午)	O
47세	계사(癸巳)	O
57세	임진(壬辰)	X
67세	신묘(辛卯)	X
77세	경인(庚寅)	O

안재욱은 부모와 인연이 약하고 형제와도 인연이 약하다. 술해(戌亥) 천문성을 두 개나 갖고 있어 예감력, 직감력이 뛰어나고 또 꿈이 잘 맞으니 실생활에 응용하기 바란다. 성격의 문제점은 계획

성이 부족하여 즉석에서 모든 일을 처리한다는 것이다.

여자가 많이 따르나 본인에게는 별로 도움이 되지 못하며 여자를 조심해야 무난하게 말년을 보낼 수 있다. 여자를 조심하지 않으면 소실(小室)이 정처(正妻) 노릇을 하는 팔자가 된다.

형제, 친구들이 있다 하나 별로 도움이 되지 못한다. 일생을 살면서 세상 문제를 지혜로 풀지 말고 믿음과 의리로 행동해야 어려운 난관을 돌파할 수 있다.

건강은 허리, 위장, 비장이 나쁘며 시력도 중간 이하이다. 27세까지는 겉만 번지르르하지 실속이 없는 걸로 파악된다. 그러나 27세부터 대망의 30년 운이 들어오니, 그때부터 안재욱의 시대가 개막된다. 건강도 이전보다 훨씬 좋아지며 하는 일이 쉽게 풀린다. 안재욱이 믿을 수 있는 것은 오직 자신밖에 없다. 어려울 때는 근성으로 버텨라.

57세 이후에는 탤런트 외에 일체의 사업에 손대면 안된다. 57세 이후에 사업에 손을 대면 그동안 모아 놓았던 재산을 다 날리게 된다.

한국 연예계의 확고한 스타로서 안재욱의 바쁘고 화려한 무대를 기대해 본다.

문화 대통령 서태지

1972년 1월 17일 해시(亥時)

입춘(立春) 12월 21일

희(喜)=목화(木火)

임자년 임인월 임진일 신해시
壬子年 壬寅月 壬辰日 辛亥時

1세	계묘(癸卯)	O
11세	갑진(甲辰)	O
21세	을사(乙巳)	X
31세	병오(丙午)	O
41세	정미(丁未)	O
51세	무신(戊申)	X
61세	기유(己酉)	X
71세	경술(庚戌)	△

    서태지는 부모덕은 물론 형제 덕도 있으며, 괴강살(魁罡殺)이 일주(日主)에 자리 잡고 있어 어디를 가든지 본인이 두령(頭領) 역할을 하게 된다.

성격은 임전무퇴(臨戰無退)에 절대로 다른 사람에게 굴하지 않으며 자립정신이 강하다. 박력은 있으나 속전속결이어서 지구력이 약한 것이 흠이다.

시작의 명수이기는 하나 근심 걱정이 떠날 사이가 없으며 어린 시절에는 잔질이 많아 부모님 걱정깨나 끼쳐 드렸다. 머리는 천재형이며 신경이 예민하고 성격은 굉장히 까다롭다. 자기 성격에 맞지 않으면 신경질적인 반응을 나타내며, 시건방지고 교만하다. 어디에서 와서 어디로 흘러가는지 알 수 없는 아주 복잡다단한 성격의 소유자이다.

건강은 풍습, 당뇨, 비뇨기 계통의 질환이 있는데, 모두가 술이 원인이라 과음은 절대 삼가야겠다. 21세까지 그런대로 운이 들어와 있어서 빨리 사회 진출을 한 걸로 봐야 한다. 22세부터 31세까지는 파란 곡절의 운명이 그를 기다리고 있다. 관재구설, 아랫사람이 속을 썩임은 물론 가는 데마다 바람은 몰고 다니지만 그에 못지않게 말도 많고 시끄러웠던 것이 사실이다.

그러나 2002년부터 편재(扁財)가 그를 기다리니 여기서 명성을 날림과 동시에 일확천금을 얻는다. 서태지의 시대가 도래한 것이다. 한국뿐만 아니라 물 건너 외국에서 그의 기량을 맘껏 발휘해서 세계적인 스타로 발돋움하게 된다.

그러나 애석하게도 그의 운은 51세로 사양길에 접어든다. 이때부터는 본인이 직접 경영 내지는 리더로서의 역할을 포기하고 후배들의 후견인으로서 중·말년을 보내야 인생의 뒤처리를 매끄럽게 할 수 있을 것이다.

　이제 우리는 '세계적인 스타' '예체능의 천재' 서태지의 새로운 모습을 볼 수 있을 것이다.

영화 〈친구〉로 더욱 유명해진 배우 장동건

1972년 1월 22일 인시(寅時)
경칩(驚蟄) 1월 20일
희(喜)=목화(木火)

임자년 계묘월 정유일 임인시
壬子年 癸卯月 丁酉日 壬寅時

10세	갑진(甲辰)	△
20세	을사(乙巳)	X
30세	병오(丙午)	O
40세	정미(丁未)	O
50세	무신(戊申)	X
60세	기유(己酉)	X
70세	경술(庚戌)	O

장동건은 부모와 인연이 없고 형제간에도 인연이 없다. 미남형에 말을 아주 잘하고 간사하지 않으며 학문에도 열중한 편이다.

건강은 심장과 간, 담이 허약하며 안경을 써야 하겠다. 또한 폐,

기관지, 대장도 허약하게 타고났다.

  30세까지의 운을 보면 일찍 연예계에 등장했으나 큰 실속은 없는 걸로 나와 있다. 그리고 보이지 않게 부모님과 형제 때문에 상당히 고심한 걸로 나와 있다.

  그러나 30세부터 20년의 대운이 들어오니 이제 그의 시대가 화려하게 펼쳐지게 된다. 해외와도 인연이 있어 일본, 동남아 쪽으로 진출해도 큰 성과를 얻는다.

  또 그때부터 건강도 좋아지고 생활이 안정되며 꾸준히 저축도 하게 된다. 단 계속해서 연예계에서 활동해야 하며 사업은 하면 안 되니 한눈팔지 않기 바란다.

  처덕은 좋아 미인과 인연이 있으나 여자를 조심하지 않으면 첩승어처(妾勝於妻)가 된다. 첩승어처는 첩이 본처를 밀고 들어와 살게 된다는 뜻이다. 따라서 필히 여자를 조심해야 한다. 2002년부터 정말 화려한 그의 무대가 시작됐다. 20년 동안의 대운이니 여기서 완전히 인생의 승자가 된다.

  50세 이후에는 탤런트 외에 다른 분야에 손대면 안된다. 특히 사업은 안 된다. 50세 이후에는 안전한 부동산(임대 건물)에 투자해서 말년에 대비하기 바란다.

이지적인 마스크를 가진 탤런트 김지수

1972년 9월 18일 진시(辰時)

한로(寒露) 9월 2일

희(喜)=화토(火土)

임자년 경술월 무자일 병진시
壬子年 庚戌月 戊子日 丙辰時

6세	기유(己酉)	X
16세	무신(戊申)	X
26세	정미(丁未)	O
36세	병오(丙午)	O
46세	을사(乙巳)	O
56세	갑진(甲辰)	X
66세	계묘(癸卯)	X
76세	임인(壬寅)	O

김지수는 재복이 좋아 용돈이 떨어지지 않는 팔자이다. 그러나 어린 시절에는 하고 싶은 일을 마음대로 하지 못하고 좌절을 겪었던 걸로 해석된다.

성격은 꿍꿍이 속이 많겠고 고집이 있으나 외양내음이 되어 타협하기가 쉽다. 또한 보수적이며 애교는 없는 걸로 나타나 있다. 건강 면에서는 위장, 비장이 나쁘고 시력도 안 좋은 걸로 나타나 있다. 꾸준히 운동을 계속해야 하는 일이 잘 풀리는 걸로 되어 있다.

26세부터 정미(丁未) 대운이 들어오니 이때부터는 전보다 건강이 더 좋아지고 확실하게 사회적인 뿌리를 내린다. 56세까지 대운의 축복을 받으니, 정말 부럽기만 하다.

하지만 사람은 누구나 남이 모르는 자기만의 약점이 있다. 이 사주에는 관(官)이 보이지 않는다. 여자에게 관이 보이지 않는다 함은 남편이 나타나 있지 않음을 뜻한다. 따라서 남자들을 무시하고 때로는 관심이 없다.

남편 복을 빼고는 다른 복을 다 가졌다. 돈복, 명예복, 일복은 56세까지 확실하게 보장되어 있다. 30대로 접어들면서 그의 연기력은 한층 완숙미가 나타나 인기 정상을 달리게 된다.

56세 이후에는 탤런트 외의 다른 직업은 다 포기해야 한다. 만약 이때 사업에 손대면 그때까지 모아 놓았던 재물이 일시에 없어진다. 이 점만 명심한다면 그의 일생은 화려하고 무난할 것으로 보인다.

여자 꼬시는 데 소질이 있는 대도(大盜) 신창원

1967년 4월 20일 해시(亥時)

입하(立夏) 3월 27일

희(喜)=금수(金水)

정미년 을사월 임진일 신해시
丁未年 乙巳月 壬辰日 辛亥時

8세	갑진(甲辰)	X
18세	계묘(癸卯)	X
28세	임인(壬寅)	X
38세	신축(辛丑)	O
48세	경자(庚子)	O
58세	기해(己亥)	△
68세	무술(戊戌)	X
78세	정유(丁酉)	O

한동안 세상을 떠들썩하게 했던 큰 도둑 신창원. 그의 사주를 뜯어보고 나는 운명의 사이클에 대해 가슴 깊이 충격을 느꼈다.

운명이 뭐길래, 이렇게 사람의 갈 길을 바꾸어 놓는가. 신창원의 사주를 분석 해독하면서 다시는 이런 불행한 사람들이 이 땅에 태어나지 않기를 바라는 심정에서 이 글을 쓴다.

이 사주는 편재격(偏財格)으로 재다신약(財多身弱)에 속한다. 재다신약은 거짓말을 밥 먹듯 하며 이중성격이다. 본인이 태어난 이후 집안이 파산했으며 조실부모한다. 또한 돈의 노예가 되기 쉽고, 쌀 한 가마 옮기는 데는 힘이 부족해도 밤 생활에 여자 만족시키는 데는 일등이다. 따라서 여자가 많이 따른다.

또한 남의 것을 내 것으로 착각하고 산다. 이러한 현상들은 운이 나쁠 때 더 심하게 나타나는 것이 특징이다.

신창원의 일주는 임진(壬辰)이다. 임진 일주는 괴강(魁罡)에 속한다. 따라서 신창원은 힘이 세고 뚝심이 있으며 본인이 항시 두령격으로 행세한다.

그리고 귀문관살(鬼門關殺)을 가지고 있으므로 머리는 천재형에 정신 집중력이 아주 우수하다. 또한 신경은 예민하고 까다로우며 때로는 변태적인 성격도 나타난다.

그는 태어나면서 운이라곤 처음부터 전혀 없었다. 금수(金水)가 필요한 팔자인데 38세까지 계속해서 대운에서 목운(木運)이 들어왔다. 여기서 목운은 사회에 대한 적개심, 자기를 이렇게 만든 사회가 야속하다는 생각, 사회 질서에 대한 거부감이다.

증오심이 계속 그를 감쌌으니 이런 환경에서는 어느 누구도 살아남기가 어려웠으리라고 생각된다. 학교에 가면 공부 대신 싸움질이나 하고 잘사는 집의 아이를 보면 까닭 모를 거부감을 가졌던 게 어린 시절 그의 모습이었던 것 같다.

그러나 그도 2004년 38세부터 30년의 대운이 찾아오니 이때부터는 어느 정도 마음의 여유를 찾지 않을까 생각된다.

앞으로 형기를 마치고 석방되면 운이 좋기 때문에 과거처럼 행동하지 않아도 충분히 사회의 일원으로서 책임과 의무를 다하리라고 본다.

그에게 하느님의 사랑과 부처님의 자비가 있기를 바란다.

제3부

사주 오디세이

3부에서는 여러 가지 유형의 사주 감정 결과를 게재했다.
전반부는 우리말로 쉽게 풀어 설명하였고 후반부는 후학(後學)이 공부하기 좋게 쉬운 한문으로 작성하였으며, 이것을 다시 독자를 위해 한글로 그 뜻을 알기 쉽게 설명하였다.

늦게야 운이 온 어느 대학교수

1941년 5월 3일 미시(未時) 건(乾)
입하(立夏) 4월 11일 조완기
희(喜)=금수(金水)

신사년 계사월 병자일 을미시
辛巳年 癸巳月 丙子日 乙未時

8세	임진(壬辰)	X
18세	신묘(辛卯)	X
28세	경인(庚寅)	X
38세	기축(己丑)	O
48세	무자(戊子)	O
58세	정해(丁亥)	O
68세	병술(丙戌)	X
78세	을유(乙酉)	O

이 대학교수는 예의 바르고 명랑하기는 하나 외양내음(外陽內陰)이 되어 수심(愁心)이 떠날 사이가 없다.

이마는 넓어 시원하게 보이지만 때로는 소견이 좁은 것이 흠이요, 만인(萬人)에 평등한 것은 좋으나 양호유화(養虎遺禍, 호랑이 새끼를 키워서 손해보다)가 문제이다. 일지(日支) 장성이라 그 고집을 꺾을 자 누구인가?

부모 덕이 없음이 흠인데 직업은 공직 생활이 제일 좋다. 사업을 한다면 세금을 먼저 걱정하게 되니 될 수 있으면 안 하는 것이 좋겠다.

건강은 신장, 방광이 약하고 시력과 심장도 약하다. 38세까지는 운이 없어서 고생하겠지만 38세부터 68세까지 계속 운이 들어오니 대학 총장에 잘하면 입각(入閣)까지 가능하겠다. 아무튼 말년이 바쁜 사주다.

육체적인 연애는 할 수 없는 어느 여인

1962년 11월 21일 인시(寅時) 곤(坤)
대설(大雪) 11월 11일 이혜란
희(喜)=화토(火土)

임인년 임자월 기축일 병인시
壬寅年 壬子月 己丑日 丙寅時

4세	신해(辛亥)	X
14세	경술(庚戌)	△
24세	기유(己酉)	X
34세	무신(戊申)	X
44세	정미(丁未)	O
54세	병오(丙午)	O
64세	을사(乙巳)	X

이 사주는 일주(日主)가 신약(身弱)으로 시간(時干)인 병화(丙火)에 의지하여 인수가 용신이 된다. 재(財)가 왕(旺)하다 보니 자연히 재다신약(財多身弱) 사주가 된다.

재다신약의 특징은 대체로 ① 어릴 때 부모님이 돌아가시고 ② 서출에서 많이 보이며 ③ 남편이 악부(惡夫)이며 ④ 이복형제가 있으며 ⑤ 본인(本人) 자신이 진실하지 못하고 사기성이 있으며 ⑥ 돈에 대한 인력(引力)이 강하고 ⑦ 어릴 때는 남의 눈칫밥도 먹어보며 ⑧ 이중성격이고 ⑨ 아버지만 보면 머리를 흔들며 골치 아파하고 ⑩ 몽중득금(夢中得金, 꿈만 먹고 사는 인생)이라고 할 수 있다. 한마디로 말하면 남의 돈 벌어 주러 세상에 나온 팔자이다.

월령에 인수가 없으므로 부모 덕이 없고, 풍질(風疾), 장질(腸疾), 위장, 비장, 요통(腰痛) 등에 걸리기 쉬운데, 원인은 다 몸이 냉한 데서 오는 것이다. 몸이 냉하기 때문에 자율신경이 마비되고 혈액순환이 안되며 또한 허리가 안 좋기 때문에 남편과 성관계를 한번 가지면 이틀 정도는 드러누워야 한다.

또한 몸이 차기 때문에 손발이 쑤시고 아프기 시작한다. 이런 상황에서는 남편이고 뭐고 다 귀찮게만 여겨진다. 따라서 밤이 싫어지고 독방을 쓰려고 하니 남편은 자연히 바람을 피울 수밖에 없다. 이럴 때는 남편이 있어도 그림 속의 떡일 뿐이다.

남편 복 없는 팔자

1971년 5월 15일 야자시(夜子時) 곤(坤)
망종(芒種) 5월 14일 김영자
희(喜)=목화(木火)

신해년 갑오월 계해일 갑자시
辛亥年 甲午月 癸亥日 甲子時

10세	을미(乙未)	O
20세	병신(丙申)	X
30세	정유(丁酉)	X
40세	무술(戊戌)	O
50세	기해(己亥)	X
60세	경자(庚子)	X
70세	신축(辛丑)	X

    이 사주의 남편은 미토(未土)나 술토(戌土)인데 보이지 않는다. 따라서 무부성(無夫星) 무관성(無官星) 사주인데, 이런 사주를 가지고 와서 좋은 신랑감을 소개하라고 하면 역학자도 좀 답답한 입

장이 된다.

이 사주는 득지, 득세로 신왕(身旺)한 사주이며 특히 수기태왕(水氣太旺)으로 색(色)을 좋아하는 음란한 팔자이다. 월령(月令)에 있는 오화(午火)가 용신이고, 목화(木火) 운에 모든 일이 잘되며 금수(金水) 운에는 운명이 동결된다.

이 사주는 물이 거꾸로 흘러가기 때문에 거꾸로 사는 팔자이다. 정상적인 신랑이 아닌 자기보다 나이 어린 유랑(幼郞)이나 나이가 아주 많은 노랑(老郞)을 만나게 되는데, 본인이 건강하기 때문에 연하의 남자를 택하게 된다. 기본적으로 인수가 없기 때문에 일의 순서와 요령이 없으며 즉흥적으로 처리하는 기분파에 해당한다.

전체적인 사주의 구조로 볼 때 5월에 장마가 진 형상이니 모든 것이 썩어 나가며 근심 걱정을 항상 끼고 산다.

또한 수생목(水生木), 목생화(木生火)가 거꾸로 되고 있으니 남의 소실(小室)로 살거나 남편이 있어도 남편 구실 못하는 무능한 남편을 얻는다.

그러나 이 사주는 미술토(未戌土)가 극히 필요하기 때문에 토(土)인 남자가 필요하게 되어 남의 남편이 나의 남편으로 둔갑해 보인다. 이러한 상황에서 색(色)이 발동하니 혼자 살지 못하고 남자와 가까이 하게 된다.

대운과 비교해 보면 쭉 운이 없다가 40세부터 무술(戊戌) 대운이 들어오니 이때는 천한 고기가 용(龍)으로 변한다. 40세부터 50세까지 10년간이 이 여자의 황금기이다. 이 시기에는 사람답게 살아본다.

하지만 50세 이후에는 운이 고개를 숙이니 다시 암울한 생활로 접어들겠고, 특히 이때는 완전한 음지가 되기 때문에 남의 소실이거나 아니면 남편이 다른 여자와 사는 형편이 된다.

60세 이후에는 자(子) 운이 들어오는데 이 사주의 핵(核)인 오(午)를 파괴시킴으로써 완전히 의지처를 상실하고, 염라대왕 앞으로 갈 준비를 하여야 하는데 아마 62세 임자년(壬子年)이 되지 않을까 생각한다. 대운과 유년에서 용신을 다같이 죽이기 때문이다.

정부(情夫)를 둔 노처녀의 기구한 사연

1956년 5월 1일 신시(申時) 곤(坤)

망종(芒種) 4월 28일 박정자

희(喜)=금수(金水)

병신년 갑오월 정미일 무신시
丙申年 甲午月 丁未日 戊申時

1세	계사(癸巳)	X
11세	임진(壬辰)	O
21세	신묘(辛卯)	X
31세	경인(庚寅)	X
41세	기축(己丑)	O
51세	무자(戊子)	O
61세	정해(丁亥)	X
71세	병술(丙戌)	X

이 사주는 부군(夫君)을 나타내는 수(水)가 정면으로 나와 있지 않아서 무관성(無官星) 사주에 해당된다. 그런데 지지(地支)에 있는 양신(兩申)의 임수(壬水)와 일주(日主)인 정화(丁火)가 정임합

(丁壬合)을 하므로 정부(情夫)가 두 사람 사주에 나타나 있다. 연지(年支)에 있는 신(申)은 자기보다 나이 많은 정부를 가리키고 시지(時支)에 있는 신은 자기보다 나이가 어리거나 아니면 말년에 만나는 정부를 가리킨다.

성격은 심광체반(心廣體胖, 마음이 넓고 몸이 뚱뚱함을 가리킴)에 도량이 넓고 희생정신이 강하며 만인에 공덕(功德)이 있다. 그러나 음성이 높아 타인에게 오해받기 쉽고 명랑한 성격에 말을 잘하며, 사리판단이 정확하여 매사에 끊고 맺음이 분명하다.

또한 어디를 가더라도 화(火), 즉 즐거움을 가지고 가니 환대는 받으나 그의 고집을 꺾을 자 없으며 어떠한 투쟁 장소에서도 승리하여 자기 몫은 챙길 것이다.

건강은 기관지, 간, 담, 혈압에 주의하여야 하며, 직업으로는 교육자나 군인, 그것도 아니면 직업 신앙인(스님 등)이 해당된다.

사업을 한다면 육영사업, 식품, 전자 등이며 또한 성욕(性慾)이 강하고, 일지(日支)에 상식을 놓아 타자양육(他者養育)을 하게 된다.

이상과 같은 설명을 하고 나서 "남편은 없는데 정부가 있군요?" 하고 물으니 "선생님, 사주에 그런 것도 나와 있습니까?" 하고 되묻는다.

"나와 있으니까 대답하지, 없는 것을 어떻게 말합니까?" 하였더니 그 여자가 갑자기 흐느껴 울면서 말했다.

"결혼하려고 그렇게 애를 쓰나 결혼은 안되고 유부남들만 계속 따라다니니 무슨 운명입니까? 헤어지려고 하는데 헤어질 수 있습니까?"

"그것은 나한테 질문하기 전에 당신 자신이 더 잘 알고 있을 겁니다. 정(情)이 깊숙이 들었으면 누가 옆에서 헤어지라고 해도 못 헤어질 거고, 그렇게 심각한 사이가 아니라면 과감히 헤어질 수도 있을 테니 본인 이외에는 아무도 결정할 수 없습니다. 전생(前生)의 업(業)에서 유래된 것이니 깊은 참회를 통해 문제를 해결하십시오."

내가 이렇게 말을 끝내자 그 노처녀는 대성통곡을 하는 것이었다.

투자 문제로 고민하는 중소기업 사장

1945년 1월 16일 사시(巳時) 건(乾)
입춘(立春) 1994년 12월 22일 박정식
희(喜)=화토(火土)

을유년 무인월 무진일 정사시
乙酉年 戊寅月 戊辰日 丁巳時

8세	정축(丁丑)	X
18세	병자(丙子)	X
28세	을해(乙亥)	X
38세	갑술(甲戌)	O
48세	계유(癸酉)	X
58세	임신(壬申)	X
68세	신미(辛未)	O
78세	경오(庚午)	O

어느 해 1월 초에 한 중소기업 사장이 사주를 들고 나를 찾아왔다. 그의 사주는 무진(戊辰) 일주(日主)로서 돈 창고를 차고 있기 때문에 남의 돈이 됐든 내 돈이 됐든 항시 돈이 수중에 있게 되나 재

고(財庫, 처의 무덤)가 되므로 아내의 잔질(殘疾)을 면할 길이 없다. 또한 의처증도 있다.

나는 전반적인 상황을 설명하기 시작했다.

"기본적으로 비만 체구에 후중하며 이상이 원대하고 주체성이 강하세요. 또 중간 역할을 잘하기 때문에 투쟁의 장소에 나타나도 화합을 잘 이루며 주위에 친구가 지나치게 몰리는 것이 특징입니다. 인문계로는 상경 계통이나 법정 계통이요, 이공계로는 도시환경공학이나 토목공학에 해당되며 직업은 재정직(財政職)이 좋고, 사업을 하려면 식품, 건축, 농장 계열이 알맞습니다. 건강으로는 풍질, 당뇨, 습진, 결석을 주의하고 일조량이 부족하니 남향 집을 선택하여야 합니다. 처덕(妻德)은 있으나 도처에 미인이니 여자 문제에 각별한 수양을 요해야 합니다. 자손 중에서 귀자(貴子)가 나오겠네요."

그랬더니 그는 "4년 전에 건자재 공장을 지으면서 약 30억 원을 투입했는데 더 이상 돈을 동원하기 어렵습니다" 하고 털어 놓았다. 나는 대운표를 제시하며 다음과 같이 충고해 주었다.

"지금 50세인데 이미 48세에 좋은 운이 끊겼으니 이제 사업에서 손을 떼십시오. 그나마 올해가 갑술년(甲戌年)인데 인목(寅木)과 합해져서 인술(寅戌)= 화국(火局)을 이루어 안정된 해이니 공장을 남에게 넘기고 직장으로 복귀하세요. 만약 올해에 처분하지 않으면 그나마 한 푼도 건지지 못할 겁니다. 올해가 마지막 기회이니,

절대 본전 생각하지 말고 손해를 보더라도 임자가 나서면 처분하는 것이 좋습니다."

그는 그렇게 하겠다면서 "오늘부터는 잠이라도 편히 잘 수 있겠네요"라고 대답했다. 어디 가서 물어보니 앞으로 운이 아주 좋으니 기다리라 해서 기다렸는데 결과가 이렇다면서 차라리 마음을 비우니 그렇게 편안할 수가 없더라는 것이었다.

나는 역학자나 역술인이 남의 운명을 잘못 감정함으로써 얼마나 상대에게 피해를 주는지 항상 심사숙고해야 한다고 생각한다.

장래가 촉망되는 의사의 사주

1967년 10월 26일 묘시(卯時) 건(乾)

이진택

희(喜)=목화(木火)

정미년 신해월 을미일 기묘시
丁未年 辛亥月 乙未日 己卯時

7세	경술(庚戌)	X
17세	기유(己酉)	X
27세	무신(戊申)	X
37세	정미(丁未)	O
47세	병오(丙午)	O
57세	을사(乙巳)	O
67세	갑진(甲辰)	O
77세	계묘(癸卯)	O
87세	임인(壬寅)	O
97세	신축(辛丑)	X

　이 사주는 결혼 관계로 문의가 온 사주인데 해묘미(亥卯未)로 목국(木局)이 잘 짜여져 있어 훌륭한 의사에 해당된다.

이렇게 사주가 짜여지면 인정 많고 두뇌가 명석하며 근면 성실하다. 학문과 예술에도 뛰어난 재질이 있으나 음악에는 약하며 건강으로는 폐질에 기관지가 약하며 방광, 신장도 나쁘기 때문에 항시 신경을 써야 한다.

대운을 살펴보면 37세까지는 운이 없어 마음 고생이 심하였다. 목화(木火) 운이 좋은 사주인데 금(金) 운이 들어와 있다. 가을을 만나면 목화 운이 다 죽기 때문에 아주 견디기 힘든 세월이라 하겠다. 그러나 37세부터 97세까지 60년 동안 운이 들어와 있으니 이 사람은 세상(世上)에서 사는 것이 아니라 구름 위에서 항시 생활하는 형상이 되어 가히 신선놀음을 한다 할 수 있겠다.

이렇게 인간의 운명은 대운 하나로 길흉(吉凶)이 갈라지게 되는 것이다.

37세 이후, 그때부터는 구름 위에 집을 짓고 둥둥 떠다니게 된다. 이 나라 의학의 최고봉까지 가지 않나 생각된다.

고생이 지긋지긋하다는 중견 기업 사장

1946년 12월 24일 유시(酉時) 건(乾)
소한(小寒) 12월 15일 박재우
희(喜)=목화(木火)

병술년 신축월 갑오일 계유시
丙戌年 辛丑月 甲午日 癸酉時

7세	임인(壬寅)	O
17세	계묘(癸卯)	O
27세	갑진(甲辰)	X
37세	을사(乙巳)	X
47세	병오(丙午)	O
57세	정미(丁未)	O
67세	무신(戊申)	X
77세	기유(己酉)	X

이 사주는 부산에 있는 어느 스님의 부탁으로 감정한 사주이다. 유(酉)와 축(丑)이 합해져서 금국(金局)을 이루어 자신의 살(殺)이 되니, 그것에 대항할 수 있는 목화(木火) 운에 만사가 여유 있게 풀

어지는 형상이다.

　갑(甲) 일주가 오중(午中)의 기토(己土)와 갑기합(甲己合) 하고 있고, 또한 홍염살에도 해당되어 바람기가 심하다. 오(午)는 갑(甲)의 부하에 해당되어 아랫사람, 특히 여직원과 아무도 없을 때는 여보 당신 하는 사이로 변하게 된다.

　일지(日支)에 장성을 놓아 고집이 세고, 인수가 없기 때문에 일의 순서를 모르고 요령이 없는 사람인데, 거기에 탕화살이 있어 때때로 세상을 비관한다.

　직장을 선택한다면 교육계가 좋겠고 사업을 한다면 의약, 섬유, 전자, 건축 계통이 좋다. 건강은 술을 너무 좋아해서 간, 담이 약하다. 너무 무리한 욕심만 내지 않는다면 중소기업인으로서 성공하게 된다.

　어릴 때부터 27세까지는 무난하게 지내 왔는데 27세부터 47세까지 20년간은 돈이 생기면 재앙이 생기는 형국이다. 그래서 좀 살만하면 대형 사고가 생기곤 한다.

　47세부터 20년의 좋은 운이 들어왔으나 47세, 48세가 본인에게는 워낙 나쁜 해이기 때문에 대운이 좋다 하여도 좋은 결과가 없었다. 49세부터 19년간 아주 좋은 운이 형성되니 크게 성공한다.

　67세부터는 신(申)이 들어와서 금국(金局)을 형성하니 화(火) 용신에게는 병사궁에 해당된다. 따라서 이때부터는 사업에서 손을 떼고 일선에서 물러나야지 그렇지 않고 계속 사업하면 그동안 벌어 놨던 돈도 일시에 물거품이 되어 사라진다.

"이제부터는 고생 끝났으니 열심히 사업하십시오. 나 같은 사람한테 올 필요도 없습니다" 하니 지난날의 수심이 걷히고 밝은 얼굴이 되어 고맙다며 나의 손을 꼭 잡았다.

전생의 업과 관련된 어느 모자의 기막힌 사연

1949년 윤 7월 18일 인시(寅時) 곤(坤)
백로(白露)=윤 7월 16일, 장영희(어머니)
희(喜)=목화(木火)

기축년 계유월 계묘일 임인시
己丑年 癸酉月 癸卯日 壬寅時

10세	갑술(甲戌)	O
20세	을해(乙亥)	O
30세	병자(丙子)	X
40세	정축(丁丑)	X
50세	무인(戊寅)	O
60세	기묘(己卯)	O
70세	경진(庚辰)	X

> 1979년 윤 6월 27일 묘시(卯時) 건(乾)
>
> 입추(立秋)=윤 6월 16일, 김혁진(아들)
>
> 희(喜)=화토(火土)
>
> 기미년 임신월 무오일 정묘시
> 己未年 壬申月 戊午日 丁卯時
>
> | 나이 | 간지 | |
> |---|---|---|
> | 4세 | 신미(辛未) | O |
> | 14세 | 경오(庚午) | O |
> | 24세 | 기사(己巳) | O |
> | 34세 | 무진(戊辰) | X |
> | 44세 | 정묘(丁卯) | O |
> | 54세 | 병인(丙寅) | O |
> | 64세 | 을축(乙丑) | X |

 어머니 사주의 일주는 계묘(癸卯)이고 아들 사주의 일주는 무오(戊午)이다. 따라서 천간(天干)으로는 무계합(戊癸合)이 되어 있고, 지지(地支)로는 아들 일지(日支)인 오화(午火)의 도화(桃花)는 묘목(卯木)이 된다.

 지금까지 실관을 수없이 해 봤지만 이렇게 형성된 사주는 처음이었다. 아들이 어머니를 볼 때 어머니로 여기지 않고 한 여인으로 여긴다는 뜻이다. 부부 관계에서나 볼 수 있는 사주가 모자지간(母子之間)의 사주에 나타나 있는 것이다.

나도 처음에는 기가 막혀서 할 말을 잃었지만 대화를 안 할 수 없어서 이야기를 꺼내기 시작했다.

남덕 : 혹시 큰아드님과 지금 사주를 볼 둘째 아드님 사이에 다른 점이 있습니까?

어머니 : 둘 다 착하고 공부도 잘하고 얼굴도 비슷합니다. 특별한 일이 있습니까?

남덕 : 둘째 아드님 나이가 16세이지요?

어머니 : 그렇습니다. 고등학교 1학년입니다.

남덕 : 학교 갔다 오면 책가방을 든 채 어머니한테 쫓아오지요?

어머니 : 그렇습니다. 그것이 뭐 잘못됐습니까?

남덕 : 어머니한테 오면 처음에는 어머니 손을 잡고, 겉으로 젖을 만지지요? 그리고 저녁에 잘 때는 어머니 옆에서 속으로 손을 넣어서 어머니 젖을 만지지요?

어머니 : (깜짝 놀라면서) 사주에 그런 것도 나옵니까?

남덕 : 그렇다, 그렇지 않다 가부(可否)만 대답하십시오.

어머니 : 그렇습니다. 그것이 뭐 이상합니까? 아들이 16세가 되어서 너무 어린아이처럼 군다고 어쩔 때는 꾸짖지만 나 자신도 아

들이 나를 그렇게 좋아하는 것이 싫지는 않습니다.

남덕 : 사실대로 말씀을 드리지요. 댁의 둘째 아드님은 전생에 당신의 남편이었습니다. 당신을 너무나 그리워한 나머지 당신의 몸을 통해서 다시 이 세상에 태어난 겁니다.

어머니 : (눈물을 줄줄 흘리면서) 그것이 사실입니까? 큰아들하고 앉아 있을 때는 어머니로서 냉정해지는 반면 둘째 아들하고 앉아 있을 때는 냉정한 기분은 사라지고 내가 젊어서 연애할 때의 남편의 모습을 보는 듯했습니다. 그리고 저도 편안한 기분이어서 항상 둘째 아들하고 있을 때가 좋았습니다.

남덕 : 앞으로 둘째 아드님의 운은 34세까지는 좋으니 내일이라도 수속을 해서 외국으로 유학을 보내도록 하십시오. 그 길만이 이 가정의 비극을 막습니다. 지극히 일어나서는 안 될 일들이 아주 자연스럽게 일어나는 경우가 있는데, 곧 육친 내지 근친 간에 벌어지는 성(性)의 도착(倒錯) 행위입니다. 억제 본능이 망각된 시점에서는 점차 대담해지고 나중엔 가정의 파괴는 물론 주위 친척들에게까지 커다란 상처를 주게 됩니다.

또한 그렇지 않으면 아드님은 영원히 결혼할 수가 없습니다. 왜냐하면 어머니와 똑같은 여자를 아내로 선택하려고 하기 때문입니다. 하지만 어머니는 한 분이지 이 세상에 두 명이 아닙니다. 지금 과감하게 정을 떼지 않는다면, 아드님은 영원히 가정을 갖지 못합니다.

어머니 : 전생의 인연이라는 게 이렇게 엄청납니까?

남덕 : 이 정도에서 저를 찾아오셨다는 것은 이 가정을 지키려는 조상들의 음덕(陰德)이라고 봅니다.

그 6개월 뒤에 나는 아들이 호주로 유학 갔다는 소식을 어머니한테서 들었다. 나도 마음이 한결 가벼워졌다. 업(業)은 이렇게 무서운 것이다.

어느 한의원에서 문의해 온 사주

1955년 4월 3일 진시(辰時) 건(乾)
입하(立夏) 윤 3월 15일 송혁진
희(喜)=목화(木火)

을미년 신사월 을유일 경진시
乙未年 辛巳月 乙酉日 庚辰時

6세	경진(庚辰)	X
16세	기묘(己卯)	O
26세	무인(戊寅)	O
36세	정축(丁丑)	X
46세	병자(丙子)	X
56세	을해(乙亥)	X
66세	갑술(甲戌)	O

이 사주는 을목(乙木)이 뿌리를 내리지 못하고 있는데 금(金)에 의해서 심하게 금극목(金剋木)을 당하고 있기 때문에 사미(巳未)=화국(火局)에 간접근(間接根)을 하게 된다.

사화(巳火)도 유금(酉金)과 합해지면서 금국(金局)으로 화(化)하는데, 그러나 화(火)가 강한 달이기 때문에 50퍼센트 이상은 금(金)으로 가지 않는다.

따라서 선강후약(先强後弱)으로써 처음에는 강하지만 나중에 약해지는 사주로, 목화(木火)를 희(喜)하고 금수(金水)를 기(忌)하게 된다.

우선 을목이 유금에 의해서 금극목을 당해 자좌살지(自坐殺地)에 앉아 있기 때문에 어디를 가나 바늘 방석이다. 10분을 앉아 있지 못하고 변화가 심하다. 예를 들어 A의 집에서 10분, B의 집에서 10분 있거나 이 사람 붙들고 이 이야기하다가 저 사람 붙들고 다른 이야기를 하는 식이다.

직업은 무관(武官), 법관(法官), 관의(官醫) 등에서 입신(立身)이며, 가급적 사업은 하지 말아야 한다. 천직(天職)이 직장이다.

건강은 금목상전(金木相戰)이라 두통, 골통(骨痛), 간, 담이 항상 약하며 간경화에 시력도 약해서 고생한다.

처덕은 있으나 뜻하지 않은 여난(女難)을 주의하여야 되겠다. 재생살(財生殺)이 되기 때문이다.

한의원에서는 간이 나빠서 치료하는데 도저히 차도가 없으니 어찌된 일이냐고 문의해 왔다. 지금 이 사람은 정축(丁丑) 대운이 10년을 지배하고 있는 중에 축토(丑土)가 들어감으로써 사유축(巳酉丑)이 완전한 금국이 되므로 사화(巳火)에 의존해 왔는데 사화가 뿌리째 뽑히는 형국이다.

따라서 강하게 금극목하기 때문에[금기(金氣)가 완전히 이 사람을 휩쓸고 있다] 목(木, 간이나 담을 관장함)이 견디지 못한다. 1997년 정축년(丁丑年)에 대운뿐만 아니라 연운(年運)에서 재차 간을 치므로 이때를 조심해야 함을 일러 주었다. 또 더 이상 악화되지 않으면 좋겠다는 의견을 첨부해 보내 줬다.

이와 같이 우리가 마시는 공기가 바로 우리의 건강을 좌우하고 있는 것이다.

어느 기공 치료소에서 의뢰해 온 사주

1964년 5월 7일 해시(亥時) 건(乾)
망종(芒種) 4월 25일 박영진
희(喜)=목화(木火)

갑진년 경오월 병신일 기해시
甲辰年 庚午月 丙申日 己亥時

7세	신미(辛未)	O
17세	임신(壬申)	X
27세	계유(癸酉)	X
37세	갑술(甲戌)	O
47세	을해(乙亥)	△
57세	병자(丙子)	X
67세	정축(丁丑)	X

이 사주의 소유자는 이마가 넓어 상대에게 속까지 시원한 인상을 주고, 학문도 탁월하고 다재다능해 다른 사람을 모방하는 데는 일가견이 있다.

일찍 고향을 떠나며 승진도 빠르다. 수재(水災)와 수액(水厄)이 염려되니 물가에 가지 말 것이며 해외 출입이 빈번하게 된다.

직장은 재정(財政)이나 법정(法政), 무관(武官), 외국상사에 근무하며 외화 획득에도 능숙하다. 만약 은행에 근무한다면 외환은행 해외 지점 같은 데에서 근무하며, 사업을 한다면 식품, 철제 등으로 성공한다.

재복도 좋고 처덕도 있으나 편처(偏妻)가 당권(當權)할까 염려요, 총각 득자(得子)에 자손이 해외 출입하며 자손귀기(子孫貴奇)로 가문을 빛내겠다. 형제간 사이는 고독하다.

건강 관계는 심장이 약하고, 시력이 안 좋으며 신장, 방광 등의 질병으로 고생하게 된다.

기공 치료소 소장은 이 사주를 갖고 있는 사람의 신장을 치료하고 있는데 별 차도가 없다고 하소연해 왔다. 나는 이 사람의 현재 대운이 계유(癸酉)로서 37세까지 고생하게 되어 있는데, 다행히도 35세 무인년(戊寅年)부터는 상당한 속도로 회복되겠다고 통고해 주었다.

이와 같이 병의 발생과 회복은 거의 다 운기(運氣)의 작용이다.

외국과 합작 투자한 회사의 사장

1937년 8월 8일 진시(辰時) 건(乾)
백로(白露) 8월 4일, 박병주
희(喜)=목화토(木火土) [술(戌), 미(未)]

정축년 기유월 임인일 갑진시
丁丑年 己酉月 壬寅日 甲辰時

2세	무신(戊申)	X
12세	정미(丁未)	O
22세	병오(丙午)	O
32세	을사(乙巳)	X
42세	갑진(甲辰)	O
52세	계묘(癸卯)	O
62세	임인(壬寅)	O
72세	신축(辛丑)	X

이 사주는 신왕(身旺) 사주로 관(官)이나 재(財)가 없어서 상식을 용신으로 썼는데 인(寅)이 목생화(木生火)를 잘하므로 애처가이다. 문과로는 법정대학, 이과로는 유전공학 쪽을 공부하면 박사 학

위까지 받을 수 있다.

실제 이 사주의 주인공은 서울대학교 약학대학을 나온 약학 박사이다. 또한 상식이 잘 구성되어 있어서 머리가 남보다 한 수 빠른 천재형의 두뇌를 소유하고 있다.

이제부터 전반적인 것을 이야기하기로 하자.

이와 같은 사주의 주인공은 지혜 있고 원만하여 환경에 적응을 잘하고, 두뇌는 명석하여 박사 학위를 받으며 항상 타인보다 앞서고 선견지명으로 만인(萬人)에 군림한다. 인품 또한 우수하여 보는 이로 하여금 시원하게 할 것이다.

일찍 고향을 떠나 성공하며 분주다사하고, 화상의 흉터가 있으나 오히려 복이 될 것이니 염려할 것 없다. 언제 어느 곳에 있든지 이 사람에게는 행운의 여신이 같이할 것이니 어찌 재앙이 있겠는가만은, 형제 고독은 면할 길이 없다. 이런 경우 형제간에 왕래가 없거나 아니면 형제 중에 고독하고 외로운 형제가 있다.

직업은 법정, 외교, 교육, 재정 쪽이 맞으나 외국상사 같은 직장에서 입신(立身)하며, 사업을 한다면 식품, 무역, 전자 등으로 수롱억금(手弄憶金, 손으로 수억을 가지고 희롱한다)에 복록(福祿)을 자랑한다.

애처가로 가정 위주이기는 하나 일도작첩(一度作妾)은 못 면하고(따라서 여자 문제에는 부단한 수양이 요구된다), 자손은 부모를 뛰어넘지 못하니 생각한 만큼 자랑할 수 없다. 자손의 차지까지 부모가 하였으니 이것이 흠이라면 흠이라 하겠다.

또한 이 사주는 돈이 화(火)가 되어 불꽃같이 날아가니 돈을 모으는 즉시 땅에 묻어야 하고(그래야 잃지 않는다), 또한 임수일주(任水日主)로서 가만히 있으면 썩으니 돌아다녀야 한다. 인내력이 대단하나 성질이 한 번 나면 무섭고, 자기의 속마음을 다 털어놓지 않으니 마음의 깊이를 타인이 알 수 없는 무서운 성격의 소유자이다.

여기에서 인유(寅酉, 원진살) 작용은 부모나 형제와 인연이 없다고 해석하면 된다.

외국과 합작 투자한 회사 사장으로서 72세까지는 무난하게 발전하였다.

건강은 무난할 것으로 보이나 축토(丑土), 진토(辰土)가 금국(金局), 목국(木局)으로 화(火)했기 때문에 위장, 비장이 다른 기관에 비해 약할 것으로 본다. 전체적으로 몸이 냉하기 때문에 보온에 각별히 신경 쓰기 바란다.

어느 가정주부의 비극

1953년 2월 17일 오시(午時) 곤(坤)
경칩(驚蟄) 1월 21일 김옥자
희(喜)=목화(木火)에 종(從)

계사년 을묘월 신사일 갑오시
癸巳年 乙卯月 辛巳日 甲午時

나이	간지	
2세	병진(丙辰)	X
12세	정사(丁巳)	O
22세	무오(戊午)	O
32세	기미(己未)	O
42세	경신(庚申)	X
52세	신유(辛酉)	X
62세	임술(壬戌)	O
72세	계해(癸亥)	X

남덕 : 우선 김 여사님에게 전반적인 말씀을 드릴 테니, 그 후에 절문하고 싶은 사항이 있으면 질문하세요.

연애결혼할 팔자인데 결혼 후에도 늘 애인이 따르니[연지(年支)

의 사화(巳火)와 병신합(丙申合), 일지(日支)의 사화와 다시 병신합(암장합)을 하고 있으니] 흑백을 분명히 하고 애매한 태도를 취하지 마십시오.

의처증이 심한 부군이라 승낙 없이는 함부로 외출하지 말 것이며, 화장을 짙게 하면 추하게 보일 것이니 이 또한 주의하기 바랍니다. 자손보다는 사랑을 위주로 살아가는 것도 역시 팔자 탓입니다.

암장에서 합(合)을 하고 있기 때문에 정부(情夫)를 두는 팔자이고, 직업으로는 비서관이나 항공계, 해외 기관에서 일하는 것이 좋으며 사업을 하려면 치과, 금은세공, 비철금속에서 성공하겠으나 세금을 먼저 걱정하기 때문에 사업에는 맞지 않습니다.

건강은 치질, 맹장, 기관지, 빈혈 등 혈질(血疾)이 있고, 늙어서는 해수병(咳嗽病)으로 고생하게 됩니다.

김 여사 : 42세부터 몸이 안 좋아지고, 남편과 매일 싸우면서 지내는데요.

남덕 : 본래 이 사주는 종(從)을 한 사주가 되어서 뿌리를 내리면 부종(不從)이 되므로 여러 가지 화(禍)가 발생합니다. 그중에 가장 큰 불행은 이 사주에 남편이 화(火)인데, 금(金)이 대운에서 뿌리를 내리므로 남편과 이혼하게 됩니다. 그 원인은 김 여사께서 두 사람의 정부(한 사람은 연상이고 또 한 사람은 연하)를 두게 된 것이 원인이니 그 누구도 원망할 수가 없습니다.

김 여사 : 위자료라도 받는 게 가능합니까?

남덕 : 운이 좋을 때는 위자료를 받을 수 있지만 운이 나쁠 때는 위자료를 받을 수 없습니다. 다만 남편의 양해를 얻는 것이 최선의 길입니다.

　김 여사 : 남편이 위자료로 1억을 제시했는데, 저는 3억을 요구하고 있습니다.

　남덕 : 빨리 1억이라도 받고 원만한 합의를 보십시오. 왜냐하면 운이 나쁘게 흐르니 남편의 마음이 언제 변할지 알 수 없습니다.

　내 말에 그녀는 한없이 눈물만 떨구었다. 이렇게 운기(運氣)의 작용은 무서운 것이다.

장관을 역임하면서 말년이 너무 좋은 사주

1967년 5월 14일 정자시(正子時) 건(乾)
망종(芒種) 4월 29일 김준영
희(喜)=금수(金水)

정미년 병오월 병진일 무자시
丁未年 丙午月 丙辰日 戊子時

5세	을사(乙巳)	X
15세	갑진(甲辰)	O
25세	계묘(癸卯)	X
35세	임인(壬寅)	X
45세	신축(辛丑)	O
55세	경자(庚子)	O
65세	기해(己亥)	O
75세	무술(戊戌)	X

오월병화 양인격(午月丙火 羊人格)

월상비겁 탁난면(月上比劫 濁難免)

하여신왕 수관요(何如身旺 水官要)

행득자진 격기귀(幸得子辰 格奇貴)

신왕관왕 고위직(身旺官旺 高位織)

금수지운 복록증(金水之運 福錄增)

현처귀자 가문혁(現妻貴子 家門赫)

세인존경 차외망(世人尊敬 此外望)

오월(午月)에 태어난 병화(丙火) 일주는 양인(羊人)에 해당되는데, 또한 월상(月上)에 비겁(比劫)인 병화가 자리 잡고 있어 탁(濁)을 면하기가 어렵구나.

하여튼 신왕(身旺) 사주이니 관성(官星)이 필요한데 다행히도 자진(子辰)=수국(水局)이 형성됐으니 귀하기 이를 데 없구나.

신왕관왕이니 고위직에 오르는 것은 틀림없고 금수(金水) 운에는 복과 재물이 한꺼번에 쏟아진다.

또한 처(妻)는 현명한 처요 아들은 귀한 아들이니 가문이 빛날 것은 틀림없고 세인의 존경까지 받으니 더 이상 무엇을 바라겠느냐?

자신도 장관이 되고 아들도 장관이 될 사주

1954년 2월 1일 진시(辰時) 건(乾)

입춘(立春) 1월 1일 박홍식

희(喜)=목화(木火)

갑오년 병인월 경신일 경진시
甲午年 丙寅月 庚申日 庚辰時

1세	정묘(丁卯)	O
11세	무진(戊辰)	X
21세	기사(己巳)	X
31세	경오(庚午)	O
41세	신미(辛未)	O
51세	임신(壬申)	X
61세	계유(癸酉)	X
71세	갑술(甲戌)	O

현처귀자 양대정승(賢妻貴子 兩代政丞)

완금장철 희입홍로(頑金丈鐵 喜入烘爐)

단단련련 장성대기(鍛鍛鍊鍊 將星大器)

일국조당 장관배명(一國朝堂 長官拜命)
우국우족 부귀겸전(憂國憂族 富貴兼全)
동남발영 서북패주(東南發榮 西北敗走)
명진사해 명전죽백(名振四海 名傳竹帛)

이 사주는 신왕관왕(身旺官旺)에 해당되는 사주로 현숙한 아내와 귀한 아들이 있고, 나도 정승이고 아들 또한 정승(장관급)이 되겠구나.

강한 쇠가 큰 화롯불을 만나서 잘 제련이 되니 큰 인물이 틀림없는데, 국가의 장관으로 임명될 것이다.

부와 귀를 겸전하면서 또한 국가와 민족을 걱정하는 큰 그릇이다.

동쪽과 남쪽이 좋고 서쪽과 북쪽은 나쁜데 이름을 천하에 떨치겠구나.

여자 등쳐 먹고 사는 제비족

1961년 12월 1일 초 4일 미시(未時) 건(乾)

소한(小寒) 12월 1일 유재열

희(喜)=목화(木火)

신축년 신축월 정미일 정미시
辛丑年 辛丑月 丁未日 丁未時

1세	경자(庚子)	X
11세	기해(己亥)	O
21세	무술(戊戌)	X
31세	정유(丁酉)	X
41세	병신(丙申)	X
51세	을미(乙未)	O
61세	갑오(甲午)	O
71세	계사(癸巳)	X

축월정화수식신(丑月丁火雖食神)

신금투출변편재(辛金透出變偏財)

재다신약리분명(財多身弱理分明)

북풍설한하처의(北風雪寒何處依)
시상정화용겁격(時上丁火用劫格)
목화운주신발영(木火運走身發榮)
운로역행일몰서(運路逆行日沒西)
허비만전중실패(虛費萬錢重失敗)
군음팔통난해로(群陰八通難偕老)
악처가지청내어(惡妻可知聽內語)
동남귀인해서북(東南貴人害西北)
오십이후정상궤(五十二後正常軌)

축월(丑月)에 태어나 정화(丁火)로는 식신이라 하지만 신금(辛金)이 천간(天干)에 나타나서 편재(偏財)로 변해 있는데 일주가 약하기 때문에 재다신약(財多身弱)이 틀림없다. 북쪽에서 불어오는 심한 폭풍우를 무엇으로 막을 것인가(어디에 의지할 것인가)?

시주(時柱)에 있는 정화로 용신(用神)을 정하니 목화(木火) 운에 성공하고 금수(金水) 운에는 흉하게 된다.

그런데 목화 운은 오지 않고 21세부터 51세까지 30년간 좋은 운이 안 오니 허송세월만 보내는구나.

또한 음팔통(陰八通)인데다 부인하고 해로하기가 어렵겠구나.

동쪽이나 남쪽은 이롭고 서쪽이나 북쪽은 해로운데, 52세 이후에는 20년 운이 들어오니 그때가 되어야 편안한 세상 한 번 살아

보겠다.

"장사하려고 하는데 어떻습니까?" 하고 물어서 "죽으려면 뭘 못하 겠습니까?"라고 대답해 준 기억이 난다.

재다신약은 여자라면 수단 방법을 가리지 않고 접근하는 사기꾼에 해당된다.

자식만 낳으면 남편과 헤어져야 할 기구한 여인

1963년 7월 25일 축시(丑時) 곤(坤)
백로(白露) 7월 21일, 김영희
희(喜)=화토(火土)

계묘년 신유월 무오일 계축시
癸卯年 辛酉月 戊午日 癸丑時

9세	임술(壬戌)	O
19세	계해(癸亥)	X
29세	갑자(甲子)	X
39세	을축(乙丑)	X
49세	병인(丙寅)	O
59세	정묘(丁卯)	O
69세	무진(戊辰)	X
79세	기사(己巳)	X

팔월무토진상관(八月戊土眞傷官)

일간허약하처의(日干虛弱何處依)

행득오화친인수(幸得午火親印綬)
상관용인리분명(傷官用印理分明)
남방운주신발영(南方運走身發榮)
하이북방신고행(何以北方身苦行)
여명우선부궁호(女命于先夫宮好)
관식개전일무녕(官食開戰日無寧)
자득별부난해로(子得別夫難偕老)
성격괴이구설다(性格怪異口舌多)
자운도래충용신(子運到來沖用神)
황천인징난회피(黃泉引徵難廻避)

이 사주는 상관이 월(月)에 자리하므로 일주(日主)가 허약한데 다행히 일지(日支)에 오화(午火)를 얻어 인수에 의지하니 상관용인격(傷官用印格)이 되는 바, 화토(火土) 운에 성공할 사주다.

여자는 우선 남편 궁이 좋아야 하는데 묘유충(卯酉沖)이 되어 깨져 버렸고, 또한 관성과 상식이 대치하므로 하루도 편안한 날이 없는 사주이다.

만약 아이를 낳으면 금(金)에 해당하는데 금이 이 사주에 해롭게 작용함과 동시에 금국(金局)을 이루어 금극목(金剋木)하는 바, 목(木)에 해당하는 남편과 이혼하게 된다.

또한 축오(丑午)가 귀문관살(鬼門關殺)에 해당되어 까다롭고 신경질적이 되어 남의 구설에 오를까 걱정된다.

이 사주는 오(午)가 핵심인데 자년(子年)이 되어 자오충(子午沖)하면 근거지가 말살되므로 저 세상으로 가게 된다. 따라서 39세까지를 어떻게 넘겨야 할는지[대운=갑자년(甲子年)] 한숨만 나온다.

자식 복은 있지만 남편 복은 없는 팔자

1994년 6월 14일 사시(巳時) 곤(坤)

소서(小暑) 5월 29일 김혜련

희(喜)=금수(金水)

갑술년 신미월 기유일 기사시
甲戌年 辛未月 己酉日 己巳時

5세	경오(庚午)	X
15세	기사(己巳)	X
25세	무진(戊辰)	O
35세	정묘(丁卯)	X
45세	병인(丙寅)	X
55세	을축(乙丑)	O
65세	갑자(甲子)	O

미월기토비견격(未月己土比肩格)

득령득세일간왕(得令得勢日干旺)

신왕의당요관성(身旺宜當要官星)

토다목절조토흠(土多木折燥土欠)
선급수기무일점(先急水氣無一點)
사유금국위용신(巳酉金局爲用神)
왕자의설겸금신(旺者宜泄兼金神)
일독지십인인앙(一讀知十人人仰)
부궁불미권자립(夫宮不美勸自立)
교육지계최상길(敎育之係最上吉)
목화지운심신고(木火之運心身苦)
금수운주대성공(金水運走大成功)

이 사주는 득령, 득세로 아주 신왕(身旺)한 사주인데 마땅히 관(官)을 용신으로 써야 하나 관이 없고, 다음은 재(財)를 용신으로 써야 하나 재도 없기 때문에 상식을 용신으로 썼다.

상식이 잘 발달되어 있기 때문에 하나를 읽으면 열을 아는 지혜가 대단히 발달된 사주인데 불행하게도 남편 궁이 좋지 못하니 우선 혼자 살아가는 방법을 터득해야 한다.

직업으로는 교육계가 좋으며 목화(木火) 운에는 몸과 마음이 고단하며 금수(金水) 운에 모든 것이 잘 풀리는 사주이다.

일생으로 보면 25세부터 35세까지는 생각대로 잘 진행되나, 35세부터 55세까지는 20년 고생을 각오하여야 하며 55세 이후 말년이 좋은 팔자이다.

종재격(從財格)으로 부자지만 세 번 장가갈 팔자

1963년 10월 18일 인시(寅時) 건(乾)

입동(立冬) 9월 23일 서진활

희(喜)=목화(木火)

계묘년 계해월 경진일 무인시
癸卯年 癸亥月 庚辰日 戊寅時

9세	임술(壬戌)	O
19세	신유(辛酉)	X
29세	경신(庚申)	X
39세	기미(己未)	O
49세	무오(戊午)	O
59세	정사(丁巳)	△
69세	병진(丙辰)	X

해월경일수식신(亥月庚日雖食神)

계수투출변상관(癸水透出變傷官)

금수냉한요목화(金水冷寒要木火)

행득인시목국전(幸得寅時木局全)
동남운주신발영(東南運走身發榮)
금수지운일무성(金水之運一無成)
당년갑술운경신(當年甲戌運庚申)
간충지충이별수(干沖支沖離別數)
칠월도래충인재(七月到來沖寅財)
난도회피하처호(難逃廻避何處呼)
기미이후복록고(己未以後福錄高)
본래삼취여난흠(本來三娶女亂欠)

이 사주는 내가 1994년에 실관한 사주이다. 이 사람은 1월에 태어나 춥기 때문에 목화(木火)로 용신을 잡든, 목(木)으로 종(從)하든 목화가 좋은 팔자이다.

다행히도 시(時)를 잘 타고 태어나서 인진(寅辰)으로 목국(木局), 인해(寅亥)로 목국, 인묘(寅卯)로 목국이 된다.

이런 사람은 목화 운에는 잘되지만 금수(金水) 운에는 아주 형편이 안 좋다.

1994년 당시 대운은 경신(庚申)이고 연운은 갑술년(甲戌年)인데 간충지충[(干沖支沖, 갑경충(甲庚沖)·진술충(辰戌沖)]이 걸려서 이미 이혼했거나 엄청난 가정 풍파를 겪어야 한다.

더구나 7월에는 인신충(寅申沖)을 해서 재(財)가 날아가니 어디다 하소연할 것인가? 대운에서 인신충, 월(月)에서 인신충, 따라서 재물은 없어지고 이혼수까지 연결되는구나. 기미(己未) 대운 이후부터는 20년 운이 들어오니 완전한 성공을 하게 된다.

그러나 세 번 장가갈 팔자여서 그것이 흠이구나[인(寅)은 삼팔목(三八木)으로 세 번에 해당됨].

1994년의 이혼도 문제지만 42세인 2004년 갑신년(甲申年)에 갑경충(甲庚沖), 인신충(寅申沖)으로 다시 이혼 문제가 제기되었다.

종재격으로 40대에 거부(巨富)가 되는 사주

1941년 8월 18일 정자시(正子時) 건(乾)

백로(白露) 7월 17일 김영식

희(喜)=금수(金水) 종재격(從財格)

신사년 정유월 기축일 갑자시
辛巳年 丁酉月 己丑日 甲子時

10세	병신(丙申)	O
20세	을미(乙未)	X
30세	갑오(甲午)	X
40세	계사(癸巳)	O
50세	임진(壬辰)	O
60세	신묘(辛卯)	X
70세	경인(庚寅)	X

팔월기토식신격(八月己土食神格)

일간최약금수전(日干最弱金水全)

의당종아격기귀(宜當從兒格奇貴)

아우생아핵수국(兒又生兒核水局)
사십이후신발영(四十以後身發榮)
오십지대금금길(五十之代錦錦吉)
처덕가호손궁흠(妻德可好孫宮欠)
타자양육시이하(他者養育是以何)
두뇌명석참모격(頭腦明晳參謀格)
신의일관인인앙(信義一貫人人仰)
육십이후신자몰(六十以後身自沒)
칠십일과칠십오명(七十一過七十五命)

이 사주는 8월의 기토(己土)가 뿌리를 내리지 못해서 종(從)을 한 사주인데, 종아격(從兒格)이 변해서 종재격(從財格)이 되었다 [금수(金水)에 종(從)했다].

40세 이후에는 운이 좋게 들어와서 성공하는데 60세까지는 좋게 운이 진행된다.

처덕(妻德)은 있으나 자식인 목(木)이 보이지 않고 또 자(子)가 수생목(水生木)이 안 되므로 자식이 없는 것이 흠이구나(딸은 있을 수 있음).

또한 상식 고(庫)를 끼고 있기 때문에 다른 아이를 양자로 들이는데 이 또한 어찌된 일이냐?

두뇌가 명석하여 참모격이 적격인데 또한 신의가 대단하므로 모든 사람이 존경한다.

  60세 이후에는 운이 고개를 숙이며 목숨이 다하는 시기는 73세부터 75세 사이가 될 것이다.

관운이 좋아서 장관을 지낼 사주

1973년 9월 6일 술시(戌時) 건(乾)
백로(白露) 8월 20일 김두환
희(喜)=목화(木火)

계축년 신유월 경오일 병술시
癸丑年 辛酉月 庚午日 丙戌時

8세	경신(庚申)	X
18세	기미(己未)	O
28세	무오(戊午)	O
38세	정사(丁巳)	X
48세	병진(丙辰)	X
58세	을묘(乙卯)	O
68세	갑인(甲寅)	O
78세	계축(癸丑)	X

팔월경금양인격(八月庚金羊刃格)
득령득세신자왕(得令得勢身自旺)
행득병화지화국(幸得丙火支火局)

신왕관왕리분명(身旺官旺理分明)
일국조당장관직(一國朝當長官職)
명진사해가문혁(名振四海家門赫)
진퇴분명청귀인(進退分明淸貴人)
호운봉지차외망(好運逢之此外望)

8월에 태어난 경금(庚金) 일주(日主)가 양인격에 해당되는데 득령하고 득세했으니 신왕한 사주에 틀림없다.

다행히도 오술(午戌)=화국(火局)을 얻었으니 신왕관왕에 해당된다. 따라서 이런 사주는 나라의 장관직에 등용이 되며 그 이름이 전국적으로 알려지며, 가문 또한 빛나게 된다.

나아가고(進), 물러가고(退)가 분명하니 깨끗하고 귀한 사주임에 틀림없는데 또한 운마저 좋게 들어오니 더 이상 무엇을 바라겠는가?

남편이 죽고 보상비 받을 팔자

1954년 1월 8일 정자시(正子時) 곤(坤)

입춘(立春) 1월 1일 김혜숙

희(喜)=금수(金水)

갑오년 병인월 무술일 임자시
甲午年 丙寅月 戊戌日 壬子時

3세	을축(乙丑)	O
13세	갑자(甲子)	O
23세	계해(癸亥)	O
33세	임술(壬戌)	X
43세	신유(辛酉)	O
53세	경신(庚申)	O
63세	기미(己未)	X
73세	무오(戊午)	X

화토중탁 종교심취(火土重濁 宗敎深醉)

일지천문 선각지명(日支天門 先覺之命)

상식부족 응용미진(傷食不足 應用未振)

관변인수 부군무능(官變印綬 夫君無能)
재성용신 금전연애(財星用神 金錢戀愛)
본인가권 신왕사주(本人家權 身旺四柱)
상관지운 거관입재(傷官之運 去官入財)
통관분명 작사이성(通關分明 作事易成)
목적금수 하이마포(目的錦繡 何以麻布)

화(火)와 토(土)가 혼잡하게 섞여 있으니 종교에 심취하겠고 일지(日支)에 있는 술토(戌土)의 영향으로 선각자가 되겠구나.

흠은 상식이 부족하니 응용력이 떨어지겠고, 관(官)이 변해서 인수가 되었으니[인오(寅午)가 화국(火局)이 됨] 부군은 무능함에 틀림없고, 또한 재[財, 자수(子水)]가 용신이니 금전과 연애할 팔자이다.

또한 신왕 사주이기 때문에 본인이 가권(家權)을 장악하며 상관운에는 극관(剋官)하므로 남편이 죽는 대신 보상비가 나오겠구나.

또한 상식년에는 통관이 잘되니 모든 일이 쉽게 풀린다.

이 사주의 흠은 비단같이 훌륭한 남편을 얻으려고 하다 얻어 놓고 보니 그것은 비단이 아니라 삼베더라(남편의 무능을 말함).

남편에게 사랑받는 여자의 사주

1957년 10월 29일 야자시(夜子時) 곤(坤)

대설(大雪) 10월 16일 김귀자

희(喜)=목화(木火)

정유년 임자월 병인일 경자시
丁酉年 壬子月 丙寅日 庚子時

6세	계축(癸丑)	X
16세	갑인(甲寅)	O
26세	을묘(乙卯)	O
36세	병진(丙辰)	X
46세	정사(丁巳)	X
56세	무오(戊午)	O
66세	기미(己未)	O

자월병화수정관(子月丙火雖正官)

임수투출변편관(壬水透出變偏官)

실령실세일간약(失令失勢日干弱)

행득좌하목인수(幸得坐下木印綬)
삼동지월설중매(三冬之月雪中梅)
미모수려인인앙(美貌秀麗人人仰)
월상칠살정임합(月上七殺丁壬合)
여차지시반위길(如此之時反爲吉)
건강미진신냉원(健康未振身冷源)
재복여유거부난(財福餘裕巨富難)
일지지살출타국(日支地殺出他國)
인오술년만사형(寅午戌年万事亨)

병화(丙火)가 자월(子月)에 태어나서 정관이 된다. 하지만 임수(壬水)가 투출이 돼서 편관으로 변한 상태이다. 실령, 실세로 일주(日主)가 약한데 다행히도 일지(日支)에 인목(寅木)을 얻어 인(寅)에 뿌리 내리게 된다[장생관(長生宮)].

겨울에 매회꽃이 피었으니 얼굴이 예쁘고, 모든 사람이 존경하게 된다.

월상(月上)에 있는 임수가 살(殺) 작용을 할 것 같으나 정임합(丁壬合)이 되므로 탐합망극(貪合忘尅)이 되어 해를 끼치지 않게 된다.

건강은 몸이 찬 것이 문제가 되겠고 재복은 좀 있다 하나 큰 부자가 되기는 어렵다.

일지에 지살(地殺)이 있어 외국 여행도 가게 되는데 인오술년(寅午戌年)이 되면 만사가 형통하게 된다.

◈ 남덕 선생 인터뷰 ◈

이 부분은 모 TV와 인터뷰한 내용을 간략하게 정리한 것이다.

1. 역학 공부는 핵심이 무엇입니까?

역학 자체는 양(量)의 공부가 아니고 질(質)의 공부이다. 사주의 핵심을 얼마나 정확하게 볼 수 있느냐! 이것이 문제이다.

언젠가 깊은 산속에서 20년간 공부했다는 역학자를 만난 일이 있다. 대화를 해 보니 완전 가짜였다. 산속에서 혼자 공부했다고 주장하는 역학자 내지 역술인 중 99퍼센트가 가짜라고 생각된다.

이런 가짜 역학자를 양산하는 이 사회가 한탄스럽고, 역학자의 한 사람으로서 국민에게 참으로 미안하고 죄송하다는 말을 드리지 않을 수 없다.

역학이라는 학문은 첫째, 스승이 누구냐, 둘째, 그 스승 밑에서 몇 년간 무슨 학문을 어떻게 공부했느냐가 아주 중요하다.

사주의 핵심인 용신(用神)을 정확하게 추리할 수 있다면 사주 공부의 99퍼센트가 끝났다고도 볼 수 있다.

사주는 어떤 사주든 한쪽으로 기울어져 있다. 이것이 대운(大運)이나 세운(歲運)에서 '조화와 균형'을 가져올 때 건강과 운이 동시에 좋아지는 것이다.

이것이 사주 공부의 핵심이다.

2. 원장님이 운명을 감정하는 원리는 무엇입니까?

내 전공 과목은 명리학이다. 명리학이란 각자가 태어난 생년, 생월, 생일, 생시를 가지고 운명에 대비해서 건강, 부(富), 귀(貴), 마음의 상태 등을 각자의 일생에 걸쳐 풀이하는 순수한 학문이다.

이 학문을 공부하는 과정에서 인간의 운명을 좌우하는 것은 '태양과 '공기'라는 사실을 깨달았다. 만약 태양이 존재하지 않는다고 가정하면 지구는 멸망할 것이요, 인간의 실제도 그것으로 끝날 것이다.

인간은 태양의 기운을 받아 살아가고 있다. 인간이 태어날 때 태양이 작열하는 여름에 태어났느냐 아니면 태양 빛이 희미한 겨울에 태어났느냐에 따라서 인간의 운명은 상상할 수 없을 정도로 달라지는 것이 오늘의 현실이다.

또한 공기는 텅텅 비어 있는 것 같지만 그 안에는 무수한 기(氣)로 가득 차 있다. 문제는 그 기가 정체되어 있지 않고 수시로 변한다는 데 있다. 그 변화하는 기가 각자에게 해로운가 이로운가에 따라서 각자의 운명은 현저하게 달라지는 것이다.

공기의 변화에 따라 기의 작용이 구체적으로 나타나는데 이러한 현상을 만들어 내는 것이 바로 태양이다. 그래서 인간은 태어날 때 태양과 공기로부터 받은 기의 내용에 따라 일생을 훌륭하게 살아가는 사람도 있고, 굶주림과 절망 상태에서 일생을 살다가 비참하게 죽음을 맞는 사람도 생기게 된다.

3. 사람은 사주대로만 사는 것입니까?

큰 흐름은 그렇다고 할 수 있다. 그러나 작은 흐름에서 조금씩 차이가 있다. 직장 생활을 해야 할 사람이 사업을 할 경우에 그 사람의 운이 좋을 때는 현상 유지를 하지만 운이 나쁠 때는 크게 실패하게 된다.

한 사람은 사업을 해서 인생의 굴곡이 심할 수 있고 또 한 사람은 확실하게 직장 생활을 해서 승진도 하고 돈도 저축할 수 있다. 이 두 사람의 말년 상황은 행복과 불행으로 완전히 달라지게 되는 것이다.

4. 운명을 바꿀 수 있는 방법은 무엇입니까. 원장님은 운동을 하면 운이 좋아진다고 주장하시는데 그 이유는 무엇입니까?

운명의 큰 사이클을 바꿀 수 있는 방법은 없다. 사주란 각자의 그릇을 판단하는 학문이다. 사람은 누구나 자기의 그릇대로 살아간다. 그런데 같은 그릇이라도 노력을 한다면 자기의 그릇 안에서

최상의 자리까지 올라갈 수 있다.

구태여 운명을 바꿀 수 있는 방법을 찾는다면 첫째, 매일 각자의 몸을 원활하게 풀어 주는 운동을 해야 한다. 그 이유는 다음과 같은 경로를 거친다.

운이 나쁠 때는 혈액순환이 안되면서 자율신경이 굳어지지 시작한다. 혈액순환이 안되고 자율신경이 굳어지면 각자의 몸 안에 있는 자장파(磁場波)가 밖으로 나가지 못한다. 자장파란 내가 하고 싶은 욕구의 표현을 밖으로 내보내는 파장을 말한다.

따라서 이 파장이 원활히 밖으로 나가야 다른 사람이 이 파장을 인지하고 나와의 구체적인 접촉이 시작되는 것이다. 이 파장은 사람이 태어나면서부터 계속 밖으로 내보내고 있는 것이다.

자장파를 원활히 내보내려면 혈액순환이 잘되고 자율신경이 활발하게 움직여 줘야 하는데 이러기 위해서는 온몸을 풀어 주는 운동을 계속해야 한다.

둘째, 항상 세상을 긍정적이고 희망적으로 볼 수 있도록 맑고 밝은 쪽으로 자기 최면을 걸어서 이것을 습관화해야 한다. 그렇게 되면 성격이 어느 정도 변화되고, 자기의 그릇 안에서는 운이 가장 좋은 방향으로 변화하게 된다.

5. 사주가 사람의 운명을 얼마나 정확히 나타낸다고 생각하십니까?

관상은 보통 사람의 운을 초년, 중년, 말년으로 구분한다.

그러나 명리학은 몇 년, 몇 월, 며칠, 몇 시에 운이 바뀐다는 것을 정확하게 구분할 수 있다. 그런 면에서 보면 명리학은 세밀성과 정확성에 있어서 타 학문과 비교가 안될 정도로 우수하다고 생각된다.

내가 실관한 바로는 1천여 명 중에서 1~2명 정도 운명을 비껴간다. 즉, 사주대로라면 불행해야 하는데 아주 좋지는 않지만 적당히 넘어간 상태나 혹은 그 반대의 경우이다. 이것은 그 사람들 조상의 음덕(陰德) 때문이라고 생각된다. 그러나 운명의 큰 흐름에서는 벗어날 수가 없다.

6. 지금 역학을 통해서 사람들의 운명을 봐 주고 계신데, 이 일을 통해서 무엇을 구현하고 싶으십니까?

대학을 졸업하고 처음에 입사한 회사가 그 당시에는 규모가 큰 일본계 무역회사였다. 이 회사를 그만두고 독립해서, 한때는 누구 하면 알 정도로 큰 부자 행세도 해 봤다.

그러다 40대 중반에 사업에 실패하고 충격이 너무 컸다. 세상 하직하려는 생각도 해 보았다. 그런데 한편으로는 이대로 세상을 하직하기에는 너무 억울하다는 생각도 들었다.

그래서 나의 운명이 어떠하길래 이렇게 고생을 하나 궁금해서 점치는 집, 역술원 등을 30곳 이상 찾아다녔다. 그러나 그곳에서 들은 내 인생 역정은 다 맞지 않았다. 지금은 그때의 상황을 충분히 이해한다. 그들 대부분이 정확한 공부를 하지 않은 엉터리였기 때문이다. 나는 내 일생이 걸린 의문을 해결하고자 스스로 공부하기 시작했다. 이렇게 나의 명리학 공부가 시작되었다.

그 명리학을 사람들을 상대로 하기 시작한 목적은 일종의 인생 상담이었다.

예를 들면 이런 식이다. 당신 앞에는 험한 파도가 기다리고 있으니 배를 운항하지 마라. 내일은 바다가 고요하고 편안하니 항해를 해도 지장이 없을 것이다.

만약 6개월 후에 기(氣)의 흐름이 좋게 바뀐다면 무리수를 써서라도 수단과 방법을 가리지 말고 정면 돌파하라고 충고한다. 그와 반대로 6개월 후에 사업에서 부도가 난다면 다른 사람에게 더 이상 피해가 확산되기 전에 지금 당장 부도를 내라고 충고한다. 그래야 본인도 상처를 덜 받고 이 다음에 운이 좋을 때 재기하는 데 도움이 되기 때문이다.

내가 명리학을 하는 목적은 모든 사람이 좀 더 행복하게 살 수 있도록 이끌어 주는 훌륭한 인생 상담자가 되는 것이다.

7. 원장님의 사주는 어떻습니까?

내 사주를 보면 지금쯤 사업을 했어도 크게 일어날 운이다. 그러나 이미 인생의 항로를 바꾸었기 때문에 명리학을 연구 개발하는 쪽으로 일생의 의지를 집결하고 싶다.

8. 사람들은 주로 어떤 문제로 찾아옵니까?

사업하는 사람이 80퍼센트 정도이고 나머지는 정치인, 관료, 대학교수 등이다. 사업하는 사람이 많은 것은 그만큼 이해관계가 많다는 뜻도 될 것이다.

9. 혹시 조상 중에 역학을 공부하신 분이 계십니까?

내가 알고 있는 바로는 없다. 우리 집안은 대대로 지주 집안이며, 나의 할아버지는 만석꾼이었다. 그래서 그런지 큰 부자들이 많이 찾아오는데 이것도 인연이라고 생각한다.

10. 사이비 역술인에게 피해를 당하지 않기 위해서는 어떻게 해야 됩니까?

너무 큰 돈을 요구하면 일단 의심해 봐야 한다. 이것은 종교계도 마찬가지이다. 나는 부적을 써 주거나 굿 종류는 전혀 하지 않는다. 운명을 바꾸는 방법으로는 이름이나 아호(雅號) 등을 지어 주는 정도이다. 내가 경험한 바로는 손님이 저질이면 역학하는 사람도 저질이다. 초록은 동색(同色)이다.